Do áudio ao visual:
produção, técnica e panorama contemporâneo do rádio e da TV no Brasil

Silvia Valim
Alan Marques

Rua Clara Vendramin, 58 Mossunguê
CEP 81200-170 Curitiba PR Brasil
Fone: (41) 2106-4170
www.intersaberes.com
editora@intersaberes.com

Conselho editorial Dr. Alexandre Coutinho Pagliarini Dr.ª Elena Godoy Dr. Neri dos Santos Dr. Ulf Gregor Baranow
Editora-chefe Lindsay Azambuja
Gerente editorial Ariadne Nunes Wenger
Assistente editorial Daniela Viroli Pereira Pinto
Preparação de originais LEE Consultoria
Edição de texto Caroline Rabelo Gomes Natasha Saboredo
Capa Charles L. da Silva (*design*) brubs/Shutterstock (imagens)
Projeto gráfico Sílvio Gabriel Spannenberg (*design*) socrates471/Shutterstock (imagens)
Diagramação Débora Gipiela
Equipe de *design* Débora Gipiela Iná Trigo
Iconografia Sandra Lopis da Silveira Regina Claudia Cruz Prestes

Dados Internacionais de Catalogação na Publicação (CIP)
(Câmara Brasileira do Livro, SP, Brasil)

Valim, Silvia
  Do áudio ao visual: produção, técnica e panorama contemporâneo do rádio e da Tv no Brasil/Silvia Valim, Alan Marques. Curitiba: InterSaberes, 2020. (Série Mundo da Publicidade e Propaganda)

  Bibliografia.
  ISBN 978-65-5517-535-6

  1. Comunicação de massa e linguagem 2. Meios de comunicação 3. Produção audiovisual 4. Rádio – História 5. Televisão – Aspectos sociais 6. Televisão – História 7. Televisão – Programas I. Marques, Alan. II. Título. III. Série.

20-35147   CDD-302.234

Índice para catálogo sistemático:
1. Rádio e televisão: Meios de comunicação: Sociologia 302.234

Cibele Maria Dias – Bibliotecária – CRB-8/9427

1ª edição, 2020.

Foi feito o depósito legal.

Informamos que é de inteira responsabilidade dos autores a emissão de conceitos.

Nenhuma parte desta publicação poderá ser reproduzida por qualquer meio ou forma sem a prévia autorização da Editora InterSaberes.

A violação dos direitos autorais é crime estabelecido na Lei n. 9.610/1998 e punido pelo art. 184 do Código Penal.

Sumário

5 Apresentação

8 Como aproveitar ao máximo este livro

11 1 Introdução ao rádio

15 1.1 Transformações do rádio

20 1.2 Modalidades de rádio no Brasil

23 1.3 Organização de uma rádio

24 1.4 *Target*

27 1.5 Estrutura

37 2 Linguagem do rádio

41 2.1 Texto e locução, pronúncia e sotaque

44 2.2 Voz no rádio

45 2.3 Dicção

48 2.4 Sonoridade

50 2.5 Sonoplastia, efeitos, vinheta e *teaser*

60 2.6 Trilha sonora

62 2.7 Coordenação artística

67 3 Legislação brasileira de rádio

70 3.1 Gêneros, formatos e programas radiofônicos

73 3.2 Concessões de rádio

76 3.3 Documentos vinculados à radiodifusão

78 3.4 Rádio em tempos de internet

87 4 A TV no imaginário brasileiro

89 4.1 Comunicações, linguagem e televisão

92 4.2 Produção e perspectiva comunicacional

93 4.3 A televisão como campo de estudo

97 4.4 História da TV no Brasil

104 4.5 Folhetim

106 4.6 Telejornal

113 4.7 Programas de auditório

114 4.8 O que é o real na televisão?

119 5 Influência do programa de televisão

122 5.1 O tempo como medida na TV

124 5.2 Programação

126 5.3 Categoria e gênero

130 5.4 Escopo do folhetim

134 5.5 Escopo dos telejornais

**141 6 Produção audiovisual:
direção, produção, edição e apresentação**

143 6.1 Por que comunicar?

148 6.2 A arte e o caminho para o audiovisual

150 6.3 O que é audiovisual?

152 6.4 Profissionais envolvidos

156 Considerações finais

158 Referências

166 Respostas

177 Sobre os autores

Apresentação

O grande desafio desta obra é trazer novidade para um campo muito explorado e visitado. Assim, em linguagem rápida e direta e tomando como base pesquisas atuais e bibliográficas, trazemos os conceitos, a história e os campos de tensão que formatam o audiovisual como área de estudo e de trabalho para os jovens estudantes de Comunicação Social, Cinema, Jornalismo, Publicidade, Rádio e TV.

A proposta deste livro de produção audiovisual é resgatar o rádio e a TV. Para isso, abordamos a história do meio radiofônico e da televisão, incluindo estrutura, formatos e gêneros audiovisuais, assim como as características básicas da linguagem dos dois meios em questão.

No que diz respeito ao rádio, nos Capítulos 1, 2 e 3, apresentamos um breve histórico desse meio de comunicação; a estrutura técnica, as funções e o funcionamento de uma emissora; a prática de rádio e sua linguagem – especialmente no que diz respeito ao texto e à apresentação; e alguns processos que envolvem locução, dicção, regionalismo, sotaque e de que forma o corpo está conectado diretamente à voz. Além disso, explanamos sobre o desenvolvimento tecnológico do rádio e a linha editorial de uma emissora radiofônica, explorando seu funcionamento, sua estrutura e sua organização, além dos equipamentos que possibilitam a comunicação por meio de ondas sonoras.

No que diz respeito à televisão, à qual são reservados os Capítulos 4 e 5, o primeiro passo é entender a história que envolve seu surgimento. Assim, discutimos seu papel na comunicação por meio de estudos já realizados sobre a área, o que define o campo epistêmico a ser desbravado. Em seguida, apresentamos detalhes técnicos e históricos desse importante meio de convencimento, aprofundando o conteúdo e indicando a disposição dos programas nas grades horárias, que mapeiam os desejos e os interesses do público para manter o fluxo comercial das emissoras e das redes no desenvolvimento de uma relação mercantilista com entrega de produtos informativos que vão do entretenimento à notícia. Para complementar essa abordagem, analisamos o espaço-tempo característico do meio, os tipos de programas e os gêneros que dominam a grade horária.

A televisão será tratada como um meio de comunicação que afeta a vida e a percepção de mundo dos telespectadores há mais de 60 anos. Assim, nesta obra, demonstramos didatica-mente a variedade de programas, bem como suas categorias e gêneros, para desenvolver uma linha de pensamento que revele a importância da televisão e seu impacto na formação do caráter cultural do brasileiro. A proposta de análise vai muito além da ferramenta, aprofundando-se nas camadas mais densas de relacionamento entre o canal comunicativo e a mensagem que trafega pela via eletrônica e em como suas somas transformam a relação entre o áudio, o vídeo e o real sensível.

O estudo é um convite para entender como esse meio de comunicação, que diminui distâncias ao mostrar imagens móveis de todo os cantos do mundo, possibilitou à informação fluir de maneira rápida e ágil entre os povos e à notícia romper as fronteiras nacionais. Essa abordagem também busca elucidar como a produção audiovisual integrou o Brasil ao apresentar ao brasileiro as diversas caras de sua própria população, caracterizando-se pelo modelo comercial controlado pelo Estado e gerido pelo mercado e solidificando-se em um concreto financiado pela política de gerenciamento, via poderes público e privado, do conteúdo ofertado ao telespectador.

Por fim, no Capítulo 6, tratamos do tema de produção do audiovisual, tanto pela perspectiva técnica quanto pela conceitual. A proposta é possibilitar a você, leitor, a compreensão da complexidade da produção e do impacto dos produtos audiovisuais na formação da sociedade e no desenvolvimento cultural. Para isso, esclarecemos os motivos que movem a humanidade a se comunicar e como o acumulado de conhecimento e as mudanças tecnológicas transformaram o processo de comunicação até o meio audiovisual, em uma abordagem detalhada do pensamento dessa narrativa e das características de cada uma das funções dos profissionais envolvidos na produção que soma imagem e som.

Boa leitura!

Como aproveitar ao máximo este livro

Empregamos nesta obra recursos que visam enriquecer seu aprendizado, facilitar a compreensão dos conteúdos e tornar a leitura mais dinâmica. Conheça a seguir cada uma dessas ferramentas e saiba como estão distribuídas no decorrer deste livro para bem aproveitá-las.

Conteúdos do capítulo

- Desenvolvin
- Linha editor
- Funcioname
- uma emisso
- Equipamentos que
  por meio de ondas

Conteúdos do capítulo Logo na abertura do capítulo, relacionamos os conteúdos que nele serão abordados.

Após o estudo deste capítulo, você será capaz de:

1. compreende Brasil e no n
2. verificar as r país;
3. reconhecer rádio.

Após o estudo deste capítulo, você será capaz de: Antes de iniciarmos nossa abordagem, listamos as habilidades trabalhadas no capítulo e os conhecimentos que você assimilará no decorrer do texto.

Para saber mais

RÁDIO – 90 anos. **Observat[...]**
2012. Programa de televisão [...]
observatorio/episodio/radi[...]

Por meio do *link*, é poss[...]
sobre os 90 anos do rádio, q[...]
tância desse meio de comuni[...]
sobre seu presente e seu futu[...]

Para saber mais Sugerimos a leitura de diferentes conteúdos digitais e impressos para que você aprofunde sua aprendizagem e siga buscando conhecimento.

Estudo de caso

O programa *Bloco Mulher Saú[...]*
[...]04,9, de Nova Friburgo (R.[...]
[...]balho das rádios comunit[...]
[...]rcício da cidadania, especi[...]
[...]tiva. Diferentemente de u[...]
[...]os comunitárias são mais [...]
[...] preocupação adicional q[...]
[...]no caso do programa citado, e[...]

Estudo de caso Nesta seção, relatamos situações reais ou fictícias que articulam a perspectiva teórica e o contexto prático da área de conhecimento ou do campo profissional em foco com o propósito de levá-lo a analisar tais problemáticas e a buscar soluções.

Fique atento!

Streaming é uma tecnologi[...]
ções multimídia (áudio e víc[...]
ou seja, por meio da i[...]
possibilita transmissã[...]
que é necessário que [...]
forma que comporte [...]

Fique atento! Ao longo de nossa explanação, destacamos informações essenciais para a compreensão dos temas tratados nos capítulos.

Síntese

Como meio de comunic
peculiaridades, que tam
cias e disposições tecno
as tecnologias que fizer
ramos as modalidades c
de Telecomunicações (Brasil,
importância da definição do p
mentos e profissionais são fu

> **Síntese** Ao final de cada capítulo, relacionamos as principais informações nele abordadas a fim de que você avalie as conclusões a que chegou, confirmando-as ou redefinindo-as.

Questões para revisão

ual é a influência da tele
acional?

ual é a principal caracter

os itens a seguir, qual **nã**
rasileira?

a) Novela.

b) Programa de auditório.

> **Questões para revisão** Ao realizar estas atividades, você poderá rever os principais conceitos analisados. Ao final do livro, disponibilizamos as respostas às questões para a verificação de sua aprendizagem.

Questões para reflexão

1) O que significa ter uma vo
rádio? É uma questã

2) Como um profission
para atuar ao vivo?

3) Muitas pessoas têm
é mais intuitivo e me
andamento de um progra

> **Questões para reflexão** Ao propor estas questões, pretendemos estimular sua reflexão crítica sobre temas que ampliam a discussão dos conteúdos tratados no capítulo, contemplando ideias e experiências que podem ser compartilhadas com seus pares.

1

Introdução ao rádio

Silvia Valim

Conteúdos do capítulo

- Desenvolvimento tecnológico do rádio.
- Linha editorial de uma emissora radiofônica.
- Funcionamento, estrutura e organização de uma emissora radiofônica.
- Equipamentos que possibilitam a comunicação por meio de ondas sonoras.

Após o estudo deste capítulo, você será capaz de:

1. compreender as transformações do rádio no Brasil e no mundo;
2. verificar as modalidades de rádio existentes no país;
3. reconhecer a estrutura e a organização de uma rádio.

Os avanços tecnológicos tiveram impacto na recepção dos meios de comunicação; cada novo dispositivo tecnológico inserido modificou o modo de trabalho nos veículos de comunicação, e no rádio não foi diferente. Faz parte do desenvolvimento da comunicação acompanhar e aprimorar essas transformações, ou, no caso do jornalismo, por exemplo, as novas maneiras de apurar e transmitir a notícia, de forma a adaptar-se ao mundo real (e atual) do ouvinte.

Ainda que o aprendizado de novas tecnologias seja essencial para acompanhar o processo de desenvolvimento do rádio, não podemos esquecer sua origem e de que forma esse meio de comunicação tornou-se o que é hoje. Assim, compreender como ocorreu o desenvolvimento histórico do rádio e conhecer suas grandes mudanças é fundamental para a formação de comunicadores informados, comprometidos e atualizados com relação às necessidades de uma sociedade cada vez mais carente de criatividade e informações e extremamente ligada às novas tecnologias.

Dois nomes figuram como criadores do rádio no mundo: o cientista italiano Guglielmo Marconi (1874-1973) e o padre e cientista brasileiro Roberto Landell de Moura (1861-1928). Em 1896, Marconi conquistou "a transmissão de sinais telegráficos, sem fios, em código Morse, denominado radiotelegrafia. [...] Já Landell [em 1892] tornou-se o pioneiro na transmissão à distância, sem fios, da voz humana, por meio das ondas eletromagnéticas" (Prado, 2012, p. 27).

No entanto, a invenção só foi possível por conta de um desbravamento anterior: o das **ondas eletromagnéticas**. A descoberta dessas ondas, em 1887, é creditada a Heinrich Rudolf Hertz (1857-1894), e elas são conhecidas até hoje como *ondas* *hertzianas* ou *quilohertz* em homenagem ao físico alemão (Maravilhas..., 1997).

No Brasil, "podemos considerar 20 de abril de 1923 como a data de instalação da radiodifusão [...]. É quando começa a funcionar a Rádio Sociedade do Rio de Janeiro, fundada por Roquette Pinto [1884-1954] e Henry Morize [1860-1930], impondo à emissora um cunho nitidamente educativo" (Ortriwano, 1985, p. 13).

Tendo nascido como um meio cultural e de elite, o rádio sobreviveu por intermédio de doações até 1932. O Decreto n. 21.111, de 1º de março de 1932 (Brasil, 1932), instituído por Getúlio Vargas, autorizou a publicidade, o que profissionalizaria o meio. Inicialmente, a veiculação de propaganda no rádio era limitada a 10% da programação, sendo posteriormente elevada para 20% e, depois, 25%, valor que permanece até os dias de hoje (Ortriwano, 1985).

Diante da importância histórica do rádio, em 2012, o programa *Observatório da Imprensa*, apresentado por Alberto Dines (1932-2018) na TV Brasil, transmitiu um especial sobre os 90 anos do rádio no país. O Brasil reconhece 1922 como o ano oficial da chegada do rádio no país, data da celebração do centenário da independência, no Rio de Janeiro, quando ocorreu a primeira transmissão, chamada, à época, de *radio-telephonia* ou *telefone alto-falante*. O discurso do presidente Epitácio Pessoa e a ópera *O Guarani*, de Carlos Gomes, no Theatro Municipal do Rio de Janeiro, estrearam os alto-falantes instalados.

Para saber mais

RÁDIO – 90 anos. **Observatório da Imprensa**. Brasília: TV Brasil, 30 out. 2012. Programa de televisão. Disponível em: <http://tvbrasil.ebc.com.br/observatorio/episodio/radio-90-anos>. Acesso em: 5 fev. 2020.

Por meio do *link*, é possível assistir ao mencionado especial sobre os 90 anos do rádio, que trata da trajetória e da importância desse meio de comunicação, bem como traz um debate sobre seu presente e seu futuro.

1.1
Transformações do rádio

O rádio sempre foi caracterizado pela facilidade de transmissão. Em mais de 100 anos de história, no entanto, algumas transformações e inovações, sem dúvida, marcaram a história desse meio. O **transistor** foi a primeira grande mudança, que fez do rádio um meio móvel, de consumo individual e mais acessível. Antes, o aparelho funcionava por válvulas e dependia de energia elétrica; a chegada do transistor, que funcionava a pilhas, fez com que o aparelho pudesse ser levado a qualquer parte.

Com o surgimento da televisão em 1950, a mídia radiofônica teve redução em seus investimentos, que foram transferidos para a TV. Um "rádio com imagens" era mais atraente do que apenas um rádio. Assim, o avanço na transmissão foi crucial para a manutenção desse meio de comunicação.

As siglas AM (amplitude modulada) e FM (frequência modulada) indicam como são modulados os sinais de radio-frequência emitidos pelo transmissor. Originalmente, o rádio era transmitido apenas em amplitude modulada, creditada internacionalmente ao canadense Reginald Fessenden (1866-1932). Só em 1960 surgiu a opção da frequência modulada, o que significou um salto de qualidade enorme na difusão, por ser menos sujeita a ruídos e chiados até hoje comuns na AM.

Assim como avançou em qualidade com alguns progressos tecnológicos, como a FM, o rádio também foi desafiado a mudar para não perder o espaço conquistado. "A revolução tecnológica que resultou nas novas tecnologias colocou o ser humano no centro de um sistema complexo de comunicação e informação, a ponto de ditar uma nova ordem mundial" (Witiuk, 2008, p. 50).

Essa nova ordem mundial apresenta a internet como uma possível transformadora de nossa forma de pensar e agir, permitindo a concepção de uma cultura própria ao meio. A chegada da internet, popularizada em 1990 no Brasil, foi decisiva para que o rádio se adaptasse à capacidade multimi-diática da rede mundial de computadores, a *world wide web* (www).

O rádio em plataforma digital já é usado por 9% da população brasileira, se somados computador e celular (Brasil, 2015, p. 41). Além disso, de acordo com a Associação Brasileira de Emissoras de Rádio e Televisão (Abert, 2013), o rádio está presente em 88% dos lares.

Segundo o sociólogo espanhol Manuel Castells (2003), o potencial da internet está no fomento de uma sociedade mais igualitária, permitindo a comunicação entre pessoas em escala global. Porém, para o autor, esse também pode ser um instrumento de exclusão social, pois, com a internet, a sociedade é desafiada a superar-se em conhecimento, o que gera instabilidades e desgastes no campo de trabalho.

É preciso ver esses desafios também como ponto positivo para uma ampla visão e interpretação da tecnologia no mundo atual. Para o rádio, o avanço da internet parecia ser o sinal de sua derrocada, assim como no passado, para muitos, o surgimento da TV havia sido. Houve, portanto, momentos de tensão no que diz respeito à permanência desse meio de comunicação, e a resposta foi uma reviravolta que permitiu ao rádio expandir e alcançar ainda mais ouvintes no mundo todo.

Bertolt Brecht acreditava que o "rádio seria o mais fabuloso instrumento de comunicação imaginável na vida pública, constituiria um sistema de canalização fantástico, se soubesse não apenas **transmitir**, mas também **receber**. O ouvinte não deveria apenas ouvir, mas falar; não se isolar, mas se pôr em comunicação com o rádio" (Brecht, citado por Fanucchi, 1997, p. 128, grifo do original). Com a internet, a profecia do poeta e pensador alemão concretizou-se.

Hoje é comum a interação do ouvinte por meio de *sites* e aplicativos de mensagens, enviando críticas, sugestões ou apenas mostrando-se envolvido com a emissora que admira. Com as *webcams*, é possível acompanhar por vídeo tudo o que ocorre nos estúdios e compreender o que acontece na produção de um programa ao vivo.

Com a internet, as *web* rádios desenvolveram-se e multi-plicaram-se. Muitos pensavam que as rádios AM e FM acabariam, no entanto, o que se viu foi um aprimoramento delas. Atualmente, há a possibilidade de estar em tempo real na *web*, disponibilizando conteúdos em *sites* e portais divulgados ao vivo, assim, o rádio aliou o imediatismo ao arquivo, gerando conteúdo em suas ondas próprias e, ainda, ampliando o trabalho desenvolvido. Portanto, as rádios podem não apenas disponibilizar sua programação em *sites*, mas também complementar a produção com fotos, entrevistas brutas, promoções *on-line* etc., indo além da possibilidade de ouvir rádio pela internet.

É claro que a internet gerou bônus ao rádio, mas também ônus. Com seu surgimento, novas tecnologias, novos *softwares* e novas plataformas precisaram ser aplicadas ao trabalho antes dominado, demandando adaptações dos profissionais de rádio.

Hoje, convivemos com uma série de maneiras de consumo do rádio em razão da internet. A radiodifusão foi adaptada a uma linguagem hipertextual, de modo a construir uma confluência de mídias. Se, na internet, o público não espera mais apenas ler, na *web* rádio (que transmite exclusivamente pela internet), não espera mais somente ouvir. Os usuários da *web rádio* querem ouvir, ler, ver imagens, assistir a vídeos, enviar comentários. A internet possibilitou diferentes maneiras de difusão do rádio, sendo que as rádios divulgam simultaneamente sua programação pelo serviço de radiodifusão e por *sites* próprios.

Em razão da evolução tecnológica constante, os meios de comunicação precisaram se adaptar às novas demandas da população. Com a chegada da internet, muito se falou – e ainda se fala – sobre a sobrevivência dos veículos impressos, como jornais e revistas. O jornalismo *on-line* é, no presente, um dos meios mais acessados para obtenção de notícia por internautas no mundo todo. Com isso, até mesmo a TV foi ameaçada, e não somente o papel.

Na atualidade, há uma demanda crescente na internet, que tende a unir diferentes meios e plataformas para atender aos desejos e às necessidades do usuário, de quem é possível perceber um perfil proativo. Isso significa que o espectador busca exatamente o tipo de informação que quer consumir e, com isso, as rádios – apesar de configurarem um meio dinâmico com o qual podemos interagir, seja no carro ou andando de bicicleta, seja lavando louça ou trabalhando no escritório – também precisam estar na rede para atender à demanda de um público cada vez mais conectado.

Levantar e ligar o aparelho de som já não é mais tão comum, pois se tornou muito mais fácil simplesmente encontrar o que ouvir na rede, e os *podcasts*[1] são uma prova disso.

Nesse contexto, os conteúdos comerciais destinam-se especialmente a rádios tradicionais, o que demonstra que a internet não veio tirar o espaço de outros veículos (como o rádio, nosso tema). Desse modo, é possível entender que as *web* rádios vieram suprir a necessidade de um conteúdo diferenciado, produzido para públicos específicos que sabem exatamente o que desejam encontrar.

A *web* rádio é uma oportunidade de produzir o que de outra forma não seria possível por questão de alto investimento financeiro ou, ainda, pela possibilidade de gerar negativas do público em geral. É a chance de produzir o que talvez quase ninguém fizesse em uma rádio tradicional: conteúdos contra-hegemônicos, diferenciados e, até mesmo, em caráter de teste.

---

1 *Podcasts* são arquivos de áudio disponíveis na *web*. Podem ser programas, audiodocumentários, entrevistas, radionovelas, entre outros. Algumas rádios têm utilizado *podcasts* como forma de disponibilizar sonoras (entrevistas) na íntegra, sem a edição comum e necessária das reportagens, proporcionando um recorte mais amplo da informação.

1.2
Modalidades de rádio no Brasil

Para entender como é a organização de uma rádio, é preciso, antes, entender de quais maneiras ela pode operar, garantindo a ética e a responsabilidade em sua gestão. Para os profissionais da área, esse conhecimento também permite definir qual tipo de rádio queremos criar, em qual aspiramos trabalhar e, até mesmo, qual desejamos ouvir. Conhecimento nunca é demais!

O **Código Brasileiro de Telecomunicações**, instituído pela Lei n. 4.117, de 27 de agosto de 1962, estabelece as modalidades de outorga para rádios (Brasil, 1962). De acordo com esse código, as rádios podem ser comunitárias, comerciais e educativas. Embora todas aparentemente tenham o mesmo intuito, o alcance, as funções e os objetivos de cada uma delas são específicos e distintos. O código[2] está disponível para consulta no *site* do Palácio do Planalto, e é muito interessante analisar como ele funciona. Aqui, apresentaremos brevemente as três modalidades de rádio citadas.

1.2.1
Rádio comunitária

A Lei n. 9.612, de 19 de fevereiro de 1998, instituiu as normas sobre o serviço das rádios comunitárias e regulamenta que:

> Art. 1º Denomina-se Serviço de Radiodifusão Comunitária a radiodifusão sonora, em frequência modulada, operada em baixa potência e cobertura restrita, outorgada a fundações e

---

2 Para conferir o código completo, acesse:
BRASIL. Lei n. 4.117, de 27 de agosto de 1962. **Diário Oficial da União**, Poder Legislativo, Brasília, DF, 17 dez. 1962. Disponível em: <http://www.planalto.gov.br/ccivil_03/leis/L4117.htm>. Acesso em: 5 fev. 2020.

associações comunitárias, sem fins lucrativos, com sede na localidade de prestação do serviço. (Brasil, 1998b)

Basicamente, uma rádio comunitária é uma rádio que opera sem publicidade, não tem o alcance das rádios comerciais e tem o propósito de atender uma comunidade, como o próprio nome diz. Portanto, diferentemente de uma emissora convencional e comercial, nas rádios comunitárias, os conteúdos levam em consideração os anseios e as necessidades da população diretamente envolvida, que, por exemplo, pode ser a de um bairro ou de determinada localidade rural.

Em uma emissora comercial, um tema de saúde daria origem a um texto básico e padrão, ao passo que, na rádio comunitária, essa linguagem poderia ser adaptada. Por exemplo, se existe um grande índice de pessoas que ainda não se vacinaram contra uma doença com alta incidência em determinada comunidade, a rádio pode apostar em termos mais próximos daquela população para ampliar o potencial de conscientização.

Outra diferença é que, nas rádios comunitárias, não é permitida a veiculação de publicidade. Nelas, só é possível veicular apoio cultural. Em outros termos, não se pode anunciar produtos ou promoções durante a programação.

1.2.2
Rádio educativa

A Portaria Interministerial n. 651, de 15 de abril de 1999, estabelece que "A radiodifusão educativa destina-se exclusivamente à divulgação de programação de caráter educativo-cultural e não tem finalidades lucrativas" (Brasil, 1999, art. 3º).

Em suma, uma rádio educativa é destinada à transmissão de programas educativo-culturais, ou seja, produções de cunho cultural, jornalístico e, é claro, educativo, auxiliando a população em assuntos de seu interesse.

1.2.3
Rádio comercial

Apesar das especificações das rádios comunitárias e educativas, o Decreto n. 52.795, de 31 de outubro de 1963, define que:

> Art. 3º Os serviços de radiodifusão têm finalidade educativa e cultural, mesmo em seus aspectos informativo e recreativo, e são considerados de interesse nacional, sendo permitida, apenas, a exploração comercial dos mesmos, na medida em que não prejudique esse interesse e aquela finalidade. (Brasil, 1963)

Assim, a rádio comercial tem total liberdade de exploração comercial dentro dos limites da lei, o que significa – segundo o Decreto n. 88.067, de 26 de janeiro de 1983, que dá nova redação ao art. 28 do Decreto 52.795/1963 – que é necessário:

> a) manter um elevado sentido moral e cívico, não permitindo a transmissão de espetáculos, trechos musicais cantados, quadros, anedotas ou palavras contrárias à moral familiar e aos bons costumes;
>
> [...]
>
> c) destinar um mínimo de 5% (cinco por cento) do horário de sua programação diária à transmissão de serviço noticioso;
>
> d) limitar ao máximo de 25% (vinte e cinco por cento) do horário da sua programação diária o tempo destinado à publicidade comercial; (Brasil, 1983, art. 1º)

Como é possível perceber, a atividade noticiosa também é imperativa nessa modalidade. No entanto, é válido ressaltar que as atividades culturais devem respeitar os direitos autorais, como em qualquer caso, ainda que tenha liberdade de exploração comercial.

1.3
Organização de uma rádio

Quando pensamos em organização, logo nos vem à mente administração e/ou planejamento. O planejamento é um passo fundamental para que uma empresa tenha sucesso em seus objetivos, e isso também se aplica às rádios. Assim, nesta seção demonstraremos de que forma uma rádio pode ser sistematizada para alcançar metas.

Para começar, todo veículo de comunicação tem uma linha editorial própria, que corresponde direta ou indiretamente aos objetivos, aos valores e à ideologia da empresa. São diversas as linhas editoriais a serem seguidas ou até mesmo criadas.

No jornalismo, por exemplo, ainda que na universidade seja difundido o intuito de informar com o máximo de isenção possível, os meios de comunicação seguem um **valor-notícia**[3] na produção de suas pautas. Um veículo comercial normalmente segue uma linha diferente de um veículo público; alguns podem estar ligados a posicionamentos ou partidos políticos, religiões etc.

---

3 O valor-notícia é formado por "critérios e operações que fornecem a aptidão de merecer um tratamento jornalístico, isto é, possuir valor como notícia" (Traquina, 2008, p. 63).

A linha editorial é "a lógica pela qual a empresa jornalística enxerga o mundo; ela indica seus valores, aponta seus paradigmas e influencia decisivamente na construção de sua mensagem" (Pena, 2005, p. 18).

Ainda que tenha surgido de uma necessidade de informar, a mídia tem grande poder de influência e, portanto, não é incomum ouvintes serem guiados pelo pensamento de um veículo e/ou jornalista.

No rádio, em especial, as ideias de cada profissional são naturalmente transmitidas com a notícia – apesar da regra da neutralidade –, o que fez desse meio um dos que mais facilmente proporcionam a identificação entre profissional e ouvinte. Mesmo no caso das rádios essencialmente musicais, existe uma linha editorial que guia a emissora, a qual pode ser popular, regionalista, internacional, política, apartidária, religiosa, entre outras.

A melhor forma de identificar a linha editorial de uma rádio é ouvindo-a continuamente. Um dos principais exercícios para quem pretende trabalhar no meio é ser um ouvinte fiel de diferentes rádios, escutando-as atentamente, não apenas como espectador, mas com o intuito de captar a intenção da mensagem que é passada. Identificada a linha, é necessário refletir a respeito dela, atentando para sua própria ideologia e também para a da emissora, reconhecendo-se ou não naquele exercício profissional no futuro.

1.4
Target

O termo *target* é um dos muitos em inglês que vêm sendo utilizados por diferentes empresas no Brasil, e, ao pé da letra, significa "alvo" ou "objetivo". No *marketing*, os *targets* podem ser compreendidos como os objetivos gerais a serem atingidos com determinada estratégia de comunicação. Eles são também a referência na internet para a inclusão de palavras-chave em *sites*, a fim de que apareçam em ferramentas de busca, como o Google.

O *target*, portanto, indica um propósito, uma intenção, uma meta, mas, de forma geral e para nosso entendimento, no que diz respeito ao rádio, refere-se ao **público-alvo**. Assim, pode-se dizer também que está relacionado aos princípios básicos de determinado veículo, o que já compreendemos como *linha editorial* – ou seja, missão, visão e valores.

- **Missão**: Por que aquela empresa existe? Para que foi criada?
- **Visão**: Qual é o objetivo da empresa? Onde (e quando) quer chegar?
- **Valores**: Quais são os princípios que esse veículo apregoa?

Nesse sentido, é fundamental pensar a linguagem da rádio em relação ao público-alvo, pois é ela que garante que o ouvinte conseguirá captar a mensagem da emissora, que o anunciante compreenderá sua proposta, que o próprio funcionário conhecerá em qual âmbito está inserido, identificando-se naquele espaço de trabalho.

No rádio, ter em mente qual o público-alvo facilita a comunicação com o ouvinte. Desse modo, sem conhecer o *target*, não é possível definir "a cara" da rádio, as entrevistas que deve produzir, a programação musical que precisa definir, as promoções que deve divulgar, a forma de interação com o ouvinte que pode disponibilizar, o perfil de profissional que deve contratar, entre outros. Além disso, sem definição do *target*, não há como estabelecer a linguagem a ser utilizada. Uma rádio é feita para o ouvinte, não para donos e funcionários. O gosto daqueles que comandam a rádio pode não ser o gosto do ouvinte; é preciso estar atento ao que o público-alvo requer.

Nesse sentido, a pesquisa de perfil do ouvinte é o primeiro passo para a definição do público, e um fator determinante é a classe social. Em várias pesquisas, percebeu-se que, usualmente, o público é composto por mais de 70% de determinada camada da sociedade. Com isso, é possível estabelecer ou manter uma forma de comunicação que atenda satisfatoriamente a esses ouvintes.

Conhecer os seguidores de uma rádio permite estar atento às criações e às produções para melhorar o desempenho da programação do veículo de comunicação, pois se sabe a quem direcionar esse conteúdo.

Se o público é feminino, ele pode ser subdividido em diferentes públicos femininos, por exemplo:

- de 13 a 18 anos;
- de 20 a 30 anos;
- de 40 a 65 anos;
- das classes C, D e E;
- das classes A e B.

Além disso, com essas definições, é possível refinar ainda mais a pesquisa: por exemplo, público feminino de 20 a 30 anos das classes C, D e E; público feminino de 40 a 65 anos das classes A e B; e assim por diante.

Podemos utilizar como exemplo uma pesquisa sobre o perfil do ouvinte da Rádio CBN de Salvador e Região Metropolitana, que esclarece de que forma uma rádio pode se aproximar de seu público-alvo (TRIFM, 2020).

A pesquisa promoveu um levantamento da idade, do sexo e da classe social da maior parte dos ouvintes da emissora, o que permite que a rádio direcione tanto a programação quanto a publicidade (TRIFM, 2020). A emissora conseguiu traçar o perfil de seus ouvintes, percebendo que ele é composto essencialmente de um público masculino, da classe C, de 10 a 19 anos e de mais de 50 anos.

1.5
Estrutura

O primeiro fator a se considerar no que diz respeito à estrutura de uma rádio é a gestão de profissionais. Já vimos que existem três modalidades de rádio para concessão no Brasil: comunitária, educativa e comercial.

As rádios comunitárias e educativas, por suas finalidades intrínsecas, informam o ouvinte. As rádios comerciais, no entanto, como têm viés lucrativo, precisam necessariamente obedecer aos 5% mínimos exigidos para fins noticiosos, isto é, jornalísticos. Isso quer dizer que a educação, a informação e a cultura, por meio do jornalismo, estão presentes em todas as emissoras, reservadas às suas devidas proporções.

Com esses pressupostos em mente, a partir de agora, exploraremos alguns tópicos que ditam o caminho para a organização de uma rádio.

1.5.1

Gestão de profissionais

Para compreender como ocorre a gestão de profissionais de uma rádio, é preciso definir o tipo de rádio, uma vez que os profissionais necessários estabelecem a estrutura de recursos humanos. Uma rádio educativa, por exemplo, requer conteúdo musical e jornalístico. Já uma rádio comercial, além desses conteúdos, também precisa de profissionais para cuidar dos investimentos. Uma rádio comunitária, por sua vez, em razão de sua estrutura, seu alcance e suas determinações, requer menos mão de obra.

Como exemplo, apresentaremos o modelo de rádio comercial, que requer diferentes profissionais que atendam determinados requisitos, divididos por áreas, conforme veremos na sequência.

Funções em uma rádio

A administração dos profissionais de uma rádio ocorre com base na seleção de cargos e funções necessárias para compor a equipe que gera conteúdo e a equipe responsável pela manutenção e pelo andamento da emissora. A seguir, apresentamos uma lista de funções exercidas em uma rádio comercial para exemplificar quais profissionais compõem uma emissora.

- Operador de áudio
- Programador
- Assistente de estúdio
- Técnico de áudio
- Sonoplasta

- Supervisor técnico
- Engenheiro de som
- Chefe de operações
- Locutor
- Diretor musical ou de produção
- Diretor artístico
- Produtor musical
- Assistente de produção
- Diretor de jornalismo
- Repórter
- Apresentador
- Pauteiro
- Editor
- Editor-chefe
- Chefe de redação
- Chefe de reportagem
- Radioescuta
- Comentarista
- Diretor comercial
- Coordenador comercial
- Coordenador de *marketing*
- Diretor de recursos humanos
- Diretor financeiro
- Assistente de recursos humanos
- Diretor geral

1.5.2

Conteúdo musical e jornalístico

Para atender à demanda musical e jornalística de uma rádio, a administração deve estar munida de profissionais específicos. Quem administra esses dois setores geralmente são os diretores artístico/musical e de jornalismo, respectivamente. Esses profissionais normalmente estão amparados por produtores musicais e produtores de jornalismo, que serão responsáveis pelo conteúdo de cada setor.

Um **produtor musical** tem como função elencar conteúdo musical para determinada programação. Além de selecionar músicas que podem ser tocadas em determinado programa, o produtor musical também busca músicos, bandas e artistas cuja participação pode se encaixar em determinados momentos da programação da rádio.

Um **produtor de jornalismo** tem como atribuição selecionar conteúdos úteis para a programação noticiosa da rádio. O produtor jornalístico, portanto, busca notícias, personagens e entrevistados para tratar determinado tema que será abordado na rádio, tema este que também pode ser sugerido por esse profissional.

1.5.3
Publicidade

A publicidade é a alma do negócio em qualquer área, e isso não é diferente em uma rádio comercial. Por isso, para criar e manter esse tipo de rádio, o setor de publicidade precisa ser muito bem administrado.

Toda arrecadação para manutenção da rádio ocorre via publicidade, e a criatividade é um fator essencial para esse departamento, que pode promover a rádio de diferentes formas para chamar a atenção de ouvintes e possíveis patrocinadores.

Por meio da publicidade, uma rádio mantém todos os funcionários e também a manutenção de sua estrutura. A publicidade é conquistada pelo setor comercial, que deve buscar possíveis nomes para investir na emissora. Algumas rádios, por sua programação atraente e sua administração eficiente, alcançam credibilidade no mercado, o que faz com que as próprias empresas a procurem para divulgar seu serviço. Isso só é possível graças à audiência conquistada pela rádio, tema que trataremos na sequência.

1.5.4
Audiência

Uma rádio sem audiência é também uma rádio sem publicidade. Nenhuma empresa quer investir em uma emissora que não conquista ouvintes. O setor de eventos e *marketing* de uma rádio comercial é responsável por atrair o público, não apenas pela programação, mas também com promoções e eventos.

É comum ouvir uma rádio comercial e se deparar com uma promoção que convida o ouvinte a acertar o nome ou o cantor de determinada música ou, ainda, confirmar quantas vezes determinada canção tocou em um dia ou durante a semana. Isso faz com que o ouvinte se prenda à programação da emissora.

Algumas promoções são vinculadas à publicidade; por exemplo, uma agência de viagens oferece um passeio ao ganhador de um concurso cultural, o que faz com que o nome do patrocinador fique em evidência e, ao mesmo tempo, cria um elo com a audiência.

Rádios educativas e comunitárias também podem criar esse tipo de interação com o ouvinte, no entanto, essa não é a prioridade, e a publicidade deve ser feita sem exageros e em forma de apoio cultural.

1.5.5

Equipamentos

Até aqui, destacamos que, para formular a estrutura de uma rádio, é preciso atentar para pontos fundamentais, como a gestão de profissionais, a arrecadação para manutenção da rádio via publicidade (no caso das rádios comerciais) e, antes de qualquer coisa, a busca pela audiência.

A audiência e a consequente conquista da publicidade ocorrem pelo conteúdo e pela qualidade sonora da programação. Para tanto, além de profissionais capacitados, a rádio também precisa estar bem estruturada tecnicamente.

A programação musical, que normalmente conquista o ouvinte, precisa ser nítida e de alta qualidade. A comunicação entre ouvinte e locutor (rádio) torna-se mais eficiente quando a tecnologia é usada com competência, já que alguns *softwares* proporcionam maior e melhor interação.

A tecnologia para rádio avançou rapidamente e hoje permite que tudo seja feito por um único sistema, diminuindo erros e otimizando o tempo dos profissionais.

Os equipamentos necessários para compor uma rádio são:

- mesa de som;
- estúdio (tratamento acústico em paredes e teto);
- transmissor;
- ilhas de edição;
- *softwares* de edição;
- pacote de trilhas e efeitos;
- computadores;
- microfones;
- gravadores.

O operador de áudio é o responsável pela mesa de som. Nas ilhas de edição, quem manipula os *softwares* é o técnico ou o editor de áudio.

Os computadores são utilizados por todos os profissionais que atuam no estúdio, incluindo o repórter e o locutor (quando este não estiver na cabine de transmissão). É por meio desse aparelho também que o sonoplasta dá vida à transmissão com diferentes efeitos na programação.

Os microfones são utilizados pelos locutores/apresentadores/jornalistas e são administrados pelos assistentes ou operadores de áudio.

Gravadores são normalmente utilizados pelos repórteres, mas também existem gravadores da programação que visam arquivar as transmissões. Para isso, a função de operador de gravações, em muitas rádios, é exercida pelo próprio operador de áudio.

Síntese

Como meio de comunicação dinâmico, o rádio tem suas peculiaridades, que também lhe conferem certas burocracias e disposições tecnológicas. Neste capítulo, relembramos as tecnologias que fizeram do rádio o que ele é hoje e exploramos as modalidades de rádio segundo o Código Brasileiro de Telecomunicações (Brasil, 1962). Também tratamos da importância da definição do público-alvo e de quais equipamentos e profissionais são fundamentais para a plena atuação desse meio, bem como da identificação do sistema ideológico que rege uma rádio.

Para saber mais

CLOHERTY, M.; O'CONNEL; M.; O'DONOGHUE, J. **It's All Journalism**. Disponível em: <https://podcasts.apple.com/us/podcast/its-all-journalism/id555403284?mt=2>. Acesso em: 6 fev. 2020.

O *podcast It's All Journalism* é atualizado semanalmente e apresenta vários conteúdos sobre as mudanças na mídia. As produções são elaboradas por três jornalistas norte-americanos, Megan Cloherty, Michael O'Connell e Julia O'Donoghue.

DISSONANTE. Disponível em: <www.dissonante.org/site/index.php?arquivo=comofazer>. Acesso em: 6 fev. 2020.

O projeto *Dissonante*, desenvolvido por organização de mesmo nome, traz um guia mostrando o passo a passo para a criação e a montagem de uma rádio na *web*.

FERRARETTO, L. A. **Rádio**: teoria e prática. São Paulo: Summus, 2014.

Este livro traz uma série de dicas práticas sobre a produção de conteúdos para o rádio, abordando aspectos relacionados à linguagem desse meio, bem como outras questões técnicas.

Estudo de caso

O programa *Bloco Mulher Saúde*, da Rádio Comunidade FM 104,9, de Nova Friburgo (RJ), é um exemplo de como o trabalho das rádios comunitárias tem relação com o exercício da cidadania, especialmente no tocante à saúde coletiva. Diferentemente de uma emissora comercial, as rádios comunitárias são mais territorializadas e apresentam uma preocupação adicional quanto à oferta de conteúdo – no caso do programa citado, especialmente pela necessidade de adaptação dos termos técnicos da área da saúde.

No caso específico do programa *Bloco Saúde Mulher*, torna-se evidente a necessidade de buscar estratégias para que os assuntos debatidos "façam sentido" para os ouvintes. É possível perceber também que o rádio é um importante espaço para o controle social, pois os próprios ouvintes usam a emissora como um meio de pressionar as autoridades públicas para que seus direitos sejam garantidos.

Ao tratar de temas relacionados à prevenção de doenças, a rádio costuma apostar em um discurso plural – o que é muito importante em um veículo comunitário. Em algumas edições, além de contar com a participação de profissionais técnicos (médicos, enfermeiros) para promover o esclarecimento dos ouvintes, a rádio também agregou a participação de pessoas da comunidade que, com seus mitos e crenças (que nem sempre favorecem as estratégias de saúde pública), permitem o embate entre posicionamentos, contribuindo para combater a desinformação.

Questões para revisão

1) Quais são as modalidades de outorga para rádios segundo o Código Brasileiro de Telecomunicações? Indique pelo menos uma característica de cada uma delas.

2) Sobre a linha editorial de uma rádio, podemos afirmar que:
   a) independentemente de sua linha editorial, deve obrigatoriamente informar com isenção.
   b) é necessário ouvir continuamente determinada rádio para identificá-la.
   c) pode definir seu sistema ideológico para o ouvinte.
   d) pode estar ligada a posicionamentos políticos, religiosos e partidários.
   e) nenhuma das alternativas está correta.

3) No que diz respeito à informação, de que maneira as três modalidades de rádio devem operar?

4) Analise as afirmativas a seguir sobre pesquisa de perfil do ouvinte.

   I) Seu resultado permite a uma rádio implantar ações para se tornar mais próxima do público-alvo.

   II) Ajuda a conhecer a idade, o gênero e a classe social da maior parte dos ouvintes.

   III) Serve somente para a definição de estratégias ligadas à captação de publicidade, sendo dispensável no aspecto jornalístico.

   Agora, assinale a alternativa correta:

   a) Todas as afirmativas estão corretas.

   b) Somente a afirmativa I está correta.

   c) Somente a afirmativa III está correta.

   d) As afirmativas I e II estão corretas.

   e) As afirmativas I e III estão corretas.

5) Quais funções podem ser encontradas em uma rádio?

   a) Locutor, diretor musical, radioescuta e apresentador.

   b) Assistente de produção, repórter, locutor e operador de ilha de edição.

   c) Transmissor, locutor e diretor de jornalismo.

   d) Pauteiro, produtor musical, operador de mesa de som e locutor.

   e) Transmissor, locutor e operador de mesa.

Questões para reflexão

1) Qual é a diferença entre rádio AM e FM?

2) Por que as emissoras de rádio estão migrando do AM para o FM no Brasil?

3) Como é aferida a audiência de uma emissora de rádio?

2
Linguagem do rádio

Silvia Valim

Conteúdos do capítulo

- Prática de rádio – texto e apresentação.
- Comportamentos influentes na audiência e na interação do ouvinte.
- Processos que envolvem locução, dicção, regionalismo, sotaque e de que maneira o corpo está conectado diretamente à voz.
- A linguagem radiofônica como soma de vários elementos ligados ao som.
- Trilha sonora, efeitos e peças radiofônicas como vinheta e *teaser*.

Após o estudo deste capítulo, você será capaz de:

1. aprofundar conhecimentos com relação ao texto, à locução e à pronúncia no rádio;
2. conhecer e compreender o emprego dos efeitos sonoros em diferentes gêneros do rádio;
3. identificar diferentes funções e técnicas da linguagem radiofônica.

Para muitos, o sentido de *cultura* está relacionado à ciência aplicada ou à erudição; alguém que está em pleno contato com livros. No entanto, a cultura não pode se restringir a esse tipo de aprendizado, que, apesar de digno, não é único. A cultura compreende também tradições e costumes, como os de determinada tribo indígena, de uma família da zona rural do interior de São Paulo, ou de uma família de imigrantes italianos vivendo no Rio de Janeiro.

Entre outros significados, *cultura* é "o conjunto de costumes, de instituições e de obras que constituem a herança de uma comunidade ou grupo de comunidades" e um "sistema complexo de códigos e padrões partilhados por uma sociedade ou um grupo social e que se manifesta nas normas, crenças, valores, criações e instituições que fazem parte da vida individual e coletiva dessa sociedade ou grupo" (Cultura, 2020). Assim, músicas, rituais religiosos, hábitos alimentares, danças e tantas outras tradições de determinado grupo podem ser considerados cultura e, portanto, não há como determinar se uma pessoa tem ou não cultura com base apenas em seu conhecimento científico, isto é, em seu estudo. A cultura está intrinsicamente ligada à vivência, à experiência vivida em determinado conjunto de indivíduos, não existindo, desse modo, cultura superior ou inferior.

É esse entendimento de cultura que um produtor de rádio precisa ter para avançar em suas criações e estratégias de comunicação com os ouvintes. Conhecer a cultura de um país, de um estado ou de um local é, acima de tudo, respeitar o ouvinte, mostrando-se apto a compreender seu *habitat*. Essa é uma das premissas para a comunicação em qualquer âmbito.

Assim, o produtor de rádio precisa estar atento aos interesses culturais de determinado grupo de ouvintes, tendo em vista sua aceitação e sua inclusão na programação e em demais atividades da emissora. Isso não quer dizer, no entanto, que, se um grupo de ouvintes tem a cultura de ouvir samba, não se possa apresentar um forró, por exemplo. Afinal, é preciso conhecer outras culturas. No entanto, é imprescindível promover a interação do ouvinte com a rádio de acordo com sua receptividade.

Uma preocupação constante da coordenação geral e/ou artística de uma emissora é em relação às novas tendências do rádio, o que está diretamente relacionado com o conhecimento cultural do produtor. No que diz respeito ao conhecimento das tradições da região em que a rádio está localizada, é preciso pensar não só em agradar a um público, mas também em não ofendê-lo. Expor determinada programação sem conhecer a cultura local pode ser um tiro no pé.

Para McLeish (2001, p. 203), faz parte do papel do produtor de rádio "conhecer a tendência social do seu tempo e a preferência cultural do lugar onde ele está, se quiser ter sucesso com o público e evitar ofensas involuntárias". Portanto, a coordenação deve estar atenta à produção da rádio, evitando choques ou segregação, por exemplo, visando apenas a "uma elite cultural ou intelectual cujos padrões de aceitação sejam 'mais avançados' do que os das pessoas mais simples" (McLeish, 2001, p. 203).

Esse cenário pode ser evitado com o aprendizado da cultura brasileira e regional, compreendendo um estudo da sociedade, abordando-o também de maneira psicológica, em simbiose com a linguagem do rádio, que é direta, simples e precisa.

2.1
Texto e locução, pronúncia e sotaque

A eficácia da linguagem radiofônica está intrinsicamente ligada à clareza do que se ouve. O texto em rádio é simples, compreensivo, ritmado e precisa ter conexão com todos os demais itens que compõem a narrativa. Para McLeish (2001, p. 61), "o processo deve dar ao ouvinte a impressão de que o radialista está falando com ele e não lendo para ele. É claro que há uma preparação prévia, mas deve parecer espontânea".

O texto é um dos elementos verbais fundamentais da linguagem radiofônica e deve ser coloquial. Essa redação prévia à apresentação é fundamental para a manutenção da simplicidade do rádio – e é imprescindível que o locutor compreenda essa importância.

> A primeira coisa que se exige do apresentador é que ele entenda o que está lendo. [...] O apresentador deve estar bem informado e ter um excelente conhecimento básico sobre atualidades de modo que possa lidar com problemas que venham a ocorrer pouco antes de começar o noticiário. Deve reservar um tempo para fazer a leitura antecipadamente e em voz alta – o que lhe dá a oportunidade de entender o conteúdo e evitar armadilhas. (McLeish, 2001, p. 90)

Na locução, é quase impossível não ligar a função à voz. Como distingui-la do trabalho executado se, no caso do locutor, ela é sua mão de obra? Há questões essenciais para compreender as intenções de uma narração, e McLeish (2001, p. 52) apresenta algumas delas: "Quem ele ou ela está sendo? Existe a imagem mental de um locutor que ele quer imitar? Estará de fato personificando um locutor? Se isso acontece, o que há de errado em ser ele mesmo ou ela mesma? São perguntas difíceis que no final somente o indivíduo interessado pode responder".

A maneira como um texto é narrado deve ser direcionada pela intenção da emissora: uma locução pode ser alegre, entusiasta, melancólica, séria, engraçada e, infelizmente, enjoativa, entre outras opções tanto positivas quanto negativas. Ao tentar parecer ser o que não é, o locutor pode gerar uma antipatia desnecessária por parte do ouvinte. Há uma premissa que funciona muito bem: **menos é mais**. Em muitos casos, há uma tentativa de enfeitar tanto – muitas vezes na melhor das intenções – que o comunicador acaba sendo negligente com o que realmente importa: a mensagem. Para Barbeiro e Lima (2003, p. 97), "não é um belo timbre de voz que prende atenção do ouvinte, mas a naturalidade, a simplicidade e a pronúncia correta das palavras".

> O importante é ter uma boa dicção, articular bem as palavras, saber pronunciá-las corretamente, inclusive as estrangeiras. É preciso também ter um compasso, uma espécie de balanço adequado ao falar, ou seja, não pode ser muito rápido, que ninguém aguenta, e nem devagar demais, que todos dormem. Uma voz equilibrada consegue dosar o tempo certo para a locução. (Prado, 2006, p. 91)

Narrar é como tocar uma música: a voz precisa ter ritmo e a melodia deve ser, no mínimo, agradável. A pronúncia tem forte ligação com essa analogia: "Ninguém é obrigado a conhecer a pronúncia de todos os nomes, mas é preciso procurar a origem e a forma correta de dizê-los" (Barbeiro; Lima, 2003, p. 97). McLeish (2001, p. 91) alerta: "os ouvintes são extremamente sensíveis à pronúncia incorreta de nomes aos quais estão associados. A emissora que transmitir errado o nome de um lugar da região perde credibilidade".

Quantas vezes não ouvimos no rádio a pronúncia equivocada do nome de uma rua, por exemplo? Você já reparou o quanto isso incomoda, especialmente quando conhecemos aquele endereço? Imagine seu nome dito de forma errada ao vivo? E, para incomodar, nem precisa ser nosso nome: pode ser o nome de um lugar muito conhecido ou de uma pessoa famosa.

No entanto, muitas vezes a pronúncia é confundida com a cultura regional e suas extensões à vocalização. Para Barbeiro e Lima (2003, p. 97), especialmente no que diz respeito ao jornalismo, o sotaque deve ser respeitado: "são formas de se falar o português no Brasil e pertencem à cultura do país. Não há imposição de um sotaque padrão. O sotaque, além de ser o jeito de falar de cada região de um país, inclui a entonação e o ritmo das frases".

Já vimos que a cultura não está necessariamente ligada à erudição, não é mesmo? Nesse caso, preservar o sotaque é preservar as raízes e os costumes de determinada região, valorizando a herança cultural de sua população.

Em uma rádio, é importantíssimo considerar esses fatores, uma vez que o veículo é responsável pela preservação da cultura local (regionalismo) e pela direta interação com o ouvinte. Especialmente em tempos de padronização, em muitos casos o que se quer é criar uma impressão de produção de locutores em massa, e é justamente a diferença que torna uma empresa única.

O rádio é inovador e, claro, deve seguir o ritmo que se dispôs a adotar. No entanto, não deve se restringir a mesmices:

ter um diferencial é justamente o que pode tornar uma emissora especial.

Para saber mais

BARBEIRO, H.; LIMA, P. R. de. **Manual de radiojornalismo**: produção, ética e internet. Rio de Janeiro: Elsevier, 2003.

Nesse livro, mais especificamente no capítulo "Pronúncia", Heródoto Barbeiro e Paulo Rodolfo de Lima apresentam diversas palavras que geram dúvidas frequentes na maioria dos apresentadores. A publicação é recomendada para todos os radialistas, pois traz técnicas, histórias, dicas, palavras e termos que devem ser evitados no rádio e até mesmo terminologias que todo profissional de rádio precisa conhecer, especialmente os que trabalham na produção e na apresentação.

2.2
Voz no rádio

A palavra, certamente, é um dos pontos mais fortes da mensagem, mas não é o único. A linguagem radiofônica é uma soma de vários elementos ligados ao som: voz (texto), música, efeitos e até mesmo silêncio, e o rádio produz mensagens por meio dessa combinação.

Para Martínez-Costa e Unzueta (2005, p. 46, tradução nossa) a palavra é "um elemento da linguagem radiofônica que serve para transferir conceitos e ideias, mas também para gerar imagens auditivas, descrever a pessoa em cada uma das vozes e comunicar a atitude, o caráter e até mesmo as características físicas do transmissor e seu contexto". Segundo

os autores, a palavra tem, no rádio, seis funções: (1) enuncia-
tiva, (2) descritiva, (3) narrativa, (4) expressiva, (5) argumentativa e (6) programática, conforme demonstrado a seguir.

Funções da voz no rádio

- **Enunciativa/expositiva**: transmite informações sem qualquer grau de interpretação.
- **Descritiva**: descreve cenários e personagens.
- **Narrativa**: relata eventos ou ações que ocorrem em um tempo/horário e espaço.
- **Expressiva**: transmite, manifesta ou externaliza estados de humor.
- **Argumentativa**: é usada para defender uma ideia ou opinião que envolve um processo de raciocínio.
- **Programática**: transmite um senso de unidade entre as partes, de ligação ou transição, e de continuidade de conteúdos e formas.

Fonte: Martínez-Costa; Unzueta, 2005, p. 46, tradução nossa.

Para Ferraretto (2014, p. 32), "o bom profissional de rádio
parte de um conceito em relação ao que pretende produzir
e, com base nessa definição, planeja e executa o seu produto,
tendo claro o papel de cada elemento da linguagem em
relação aos objetivos pretendidos".

2.3
Dicção

Ter uma boa voz não é o bastante para que uma apresentação
seja, no mínimo, agradável. Existe toda uma preparação
para que aquele produto planejado com zelo por produtores,

diretores, editores, técnicos, jornalistas, enfim, toda a equipe de rádio, vá ao ar sem danos.

Quando você se sente confortável ao ouvir determinado apresentador em um programa de rádio – e nem é necessário admirar aquele locutor –, é sinal de que há ali uma preocupação com o ouvinte. Se a narração não incomoda, ou seja, não é desagradável, já é um sinal de que aquele profissional se preparou para a locução.

Segundo Antón (2005, p. 59, tradução nossa),

> é a voz do locutor que humaniza e personifica as palavras porque a voz, por ser a expressão mais etérea da corporeidade, sugere a definição de uma imagem ou de uma pessoa com corpo, uma estética e um caráter. É a voz do locutor que sugere, evoca, acompanha e estabelece os laços emotivos com o ouvinte.

Falar pode até ser fácil em alguns casos, mas falar com clareza é uma arte. De que adianta se comunicar se ninguém está entendendo? Expressar-se com clareza não significa nascer pronto, demanda trabalho. Um dom é bem-vindo, claro, mas até os que nascem com aptidão precisam praticar e ser capacitados.

Para falar sem deixar o ouvinte com dúvidas, é preciso ter uma boa dicção, que está muito relacionada à articulação, ou seja, à movimentação da boca e dos lábios. Para Stok (2002), todas as letras e as palavras precisam ser audíveis, sem falhas de sílabas. Isso inclui ler todos os sons, especialmente os usualmente cortados na fala. O autor traz ainda, como dica, o uso dos sinônimos: se determinada palavra tem pronúncia difícil para você, que tal trocá-la por outra que passe a mesma mensagem, mas que facilite sua vida?

Alguns treinos são fundamentais nessa preparação. Os exercícios vocais abrem a voz, ajustam o fôlego e proporcionam mais maleabilidade na leitura. Algumas dicas fundamentais, como ler o texto várias vezes, listadas por Reinaldo Polito (2018), especialista em expressão verbal, podem ajudar a evitar alguns costumes nocivos, especialmente os ligados à alimentação. Entre eles:

- evitar ingerir alimentos derivados do leite, gordurosos ou com temperos fortes até três horas antes de falar;
- evitar água gelada e/ou com gás, refrigerantes, café e chá, pois causam acidez e podem gerar refluxo.

É claro que o aspecto geral da voz pode facilitar seu aprimoramento, mas não é tudo. O texto do apresentador deve ser pré-elaborado, e não apenas dito de forma espontânea, conforme vem à mente. É verdade que, em algumas situações, como entrevistas ou comentários, o texto não é pensado previamente. Até mesmo em programas sem roteiro os apresentadores devem ter "cartas na manga", fazer uma pesquisa prévia para poder centralizar o tema do dia sem ficar na mão ao precisar fazer um comentário, por exemplo. O programa completo deve ser planejado, o que vai refletir na apresentação do âncora do radiojornal ou do locutor de um programa de entretenimento.

Portanto, nada vem pronto; é preciso trabalhar o conteúdo antes de embalar o produto. Ao ler em voz alta, é possível descobrir falhas, falta ou excesso de pontuações que atrapalham a leitura, frases longas demais, palavras que, acompanhadas por outras, causam desconforto. Esse hábito não garante perfeição, mas demonstrar zelo com o ouvinte ajuda a evitar muitas falhas e, mais que isso, indica envolvimento com o conteúdo a ser lido.

> A dramatização no rádio estimula a sensibilidade do destinatário. Os personagens, mesmo quando descritos no texto, são recriados pelo ouvinte, de acordo com seus padrões estéticos e de comportamento. A voz e os efeitos sonoros conduzem a narrativa, mas o efeito de sentido produzido pelo discurso radiofônico oferece um leque maior do que na televisão, na medida em que a imagem não é dada a priori, mas construída pelo ouvinte. (Abreu, 2014, p. 2)

Até mesmo os mais experientes podem ter problemas no discurso se não respeitarem determinadas regras para o bom uso da voz. Em um vídeo que viralizou na internet, o ex-presidente Michel Temer nitidamente engasga pedindo por água e pastilha para aliviar a garganta que, ao que parece, está com mucosa, provavelmente gerada pela não utilização de regras para bom uso da voz. No vídeo[1], é possível perceber que a água é gelada e a pastilha é daquelas bastante comuns, encontradas em supermercados, com alta quantidade de açúcar, portanto, inapropriadas para a ocasião em que se quer resolver a mucosa que persiste em atrapalhar o discurso.

2.4
Sonoridade

Em artigo intitulado *Corpo e voz: uma preparação integrada*, Bento e Brito (2009, p. 2) trazem propostas de exercícios para

---

1 O vídeo pode ser assistido em: G1. **Temer engasga e pede pastilha para continuar discurso.** Disponível em: <http://g1.globo.com/politica/videos/v/temer-engasga-e-pede-pastilha-para-continuar-discurso/5020067/>. Acesso em: 12 fev. 2020.

atores garantindo que "corpo e voz trabalham indissoluvelmente ligados". Para as autoras, o "corpo funciona como uma caixa de ressonância amplificadora do som fundamental produzido na laringe pelas pregas vocais, resultando na sonoridade a que chamamos *voz*" (Bento; Brito, 2009, p. 2). De acordo com Beuttenmüller (citada por Bento; Brito, 2009, p. 2), o "corpo é o controle remoto da voz".

A postura, a forma de se sentar e de gesticular interferem na fala. É muito mais natural conversar com os braços soltos, à vontade. Repare nas pessoas à sua volta, você provavelmente perceberá que as mais ativas – as que se movimentam mais – são as que melhor se comunicam.

Hoje, com a internet ao alcance das mãos, vivenciamos cada vez mais um distanciamento da voz, com o uso cada vez mais frequente de aplicativos de mensagens, além das redes sociais. Cada vez menos utilizamos o telefone para fazer ou receber chamadas. O *e-mail*, o SMS, os aplicativos e as redes sociais são ferramentas cada vez mais utilizadas na comunicação, e isso pode enferrujar a gesticulação.

Há controvérsias, claro, mas esse comportamento suscita a reflexão sobre como estamos usando nossa voz. Lembre-se de que falar com clareza é uma arte. As inflexões na fala, por exemplo, tornam a narrativa menos uniforme e, portanto, menos monótona. Falar sempre no mesmo tom, em uma linha reta, em alguns momentos, é importante, por exemplo, ao informar uma notícia séria, em relação à qual não se quer demonstrar parcialidade. No entanto, quando a locução é assim o tempo todo, fica repetitiva e chata; *coerência* é a palavra certa para encontrar o equilíbrio em uma narrativa.

McLeish (2001, p. 92) recomenda que o locutor grave suas apresentações e faça uma autoavaliação contínua: "ele deve experimentar fora do ar, aumentando e abaixando a voz mais do que de costume para ver se o resultado é mais aceitável". Bento e Brito (2009, p. 3) garantem que o corpo tem papel fundamental nesse aperfeiçoamento, pois quanto "maior a consciência do funcionamento do corpo e da respiração, melhor o resultado vocal". Portanto, movimente-se: faça alongamento, exercícios físicos, expresse-se ao falar porque, no mínimo, isso fará bem ao seu corpo.

2.5
Sonoplastia, efeitos, vinheta e *teaser*

"O editor é o filtro do produto jornalístico" (Barbeiro; Lima, 2003, p. 78): essa afirmação aponta que, na função de editor, há uma responsabilidade decisiva em relação ao que vai ser levado ao ar e, embora a citação trate do jornalismo, ela pode ser aplicada a todos os gêneros. No caso do rádio, o editor (tanto de texto quanto de áudio) "corrige os erros detectados e avalia o tempo da reportagem considerando a qualidade e a importância do assunto. O editor de texto pode vetar o uso da matéria se ela não for de interesse do público-alvo da emissora ou se os fatos não estiverem bem apurados" (Barbeiro; Lima, 2003, p. 78).

Desse modo, o editor tem um papel fundamental no conteúdo de um programa de rádio, já que é ele quem tem carta branca para definir o que entra e o que sai da programação, conforme indicação e/ou supervisão da coordenação da emissora.

Em uma rádio, esse profissional tem não apenas o papel de revisar e definir conteúdos, mas também uma função operacional, de cortar e formatar o material no *software* de edição de áudio, atividade hoje acumulada.

A função do sonoplasta, aquele que antigamente criava e armazenava os sons de uma rádio, hoje também fica sob a responsabilidade do operador de áudio, que manipula a mesa de som. É importante compreendermos como funciona a questão do som, pois o tratamento sonoro é um dos pontos fundamentais para gerar interesse e assiduidade do ouvinte. Você já percebeu como é gostoso sintonizar em uma rádio com vinhetas bem produzidas e músicas interessantes, que despertam o interesse para o assunto, chamam atenção e até emocionam? O ouvinte fica atento ao que vem na sequência e, inconscientemente, entende que tudo aquilo foi preparado para ele, a fim de satisfazê-lo, ao menos quando o resultado é positivo.

Tudo isso tem uma consequência importante: a propaganda gerada por essa "plástica". Já pensou ter uma vinheta de um programa muito bem produzida, com arranjos, trilha sonora especial, narração e efeitos especiais e um conteúdo muito aquém do divulgado? Por isso, o produto deve ser condizente com a embalagem.

Utilizar uma trilha futurística em uma rádio ainda em construção, sem infraestrutura ou para um público cuja cultura não corresponde ao que é propagado, é inconsistente. Nesse caso, é melhor ser sincero com o ouvinte, mantendo a simplicidade da rádio, já que, desse modo, é possível até ganhar ou garantir o espectador; porém, não quer dizer que não é necessário evoluir. Tecnologia e infraestrutura são necessárias neste momento decisivo de transição do rádio brasileiro, mas passar uma imagem de algo que não está sendo construído de verdade ou não é condizente com o *target* não é a melhor estratégia.

2.5.1
Funções dos efeitos sonoros na linguagem radiofônica

É importante lembrar que a linguagem radiofônica é a combinação de vários elementos verbais e não verbais, e que os efeitos sonoros fazem parte dessa lista. Para Balsebre (2005), os efeitos sonoros têm quatro funções na linguagem radiofônica: (1) ambiental, (2) expressiva, (3) narrativa e (4) ornamental. Confira a descrição de cada uma delas a seguir.

1. Ambiental: ajuda a produzir uma "visualização" das paisagens sonoras, a criar o palco e o "som ambiente" do cenário para o ouvinte.

2. Expressiva: ajuda a construir o clima emocional e subjetivo da cena – tensa, leve, melancólica, triste etc.

3. Narrativa: ajuda a contar a história, estabelecendo uma ligação entre as cenas da narrativa ao indicar transições de espaço ou tempo, como a passagem da noite para o dia.

4. Ornamental: confere harmonia ao conjunto da mensagem, ajudando o ouvinte a perceber quando é a hora de seu quadro/programa favorito ou quando a emissora vai falar a hora certa, por exemplo.

Para saber mais

FREE SOUND LIBRARY. **Soda Can Opening Sound Effect** (5 Different Sounds). 22 abr. 2017. Disponível em <https://www.youtube.com/watch?v=VwpRvIfWjK4>. Acesso em: 12 fev. 2020.

Os efeitos sonoros são utilizados para ilustrar várias peças radiofônicas. Acompanhe um efeito produzido em estúdio: o som de uma latinha de refrigerante sendo aberta. A produção dos efeitos sonoros era papel exclusivo do sonoplasta, hoje substituído pelos pacotes de efeitos adquiridos pela maioria das rádios. Perceba que no mesmo arquivo temos como resultado diferentes sons extraídos do mesmo item.

2.5.2
Vinheta

Segundo Campos (2003, p. 70), *vinheta* é uma "Mensagem transmitida no intervalo de programas, composta de um pequeno texto, música e efeitos sonoros, de conteúdo variado: chamada para uma matéria ou programa, campanha institucional, comemorações, etc.". Usualmente, abre o programa que será exibido, com informações sobre o apresentador e o nome do produto, sendo comum em sua composição a utilização de trilhas e/ou efeitos.

De acordo com Hernandes (2005, p. 130),

> As vinhetas impõem descontinuidades na programação dentro da estratégia de impedir qualquer possibilidade de monotonia discursiva. Têm, portanto, a missão de arrebatar ou manter a atenção dos ouvintes. Também criam um meio mais eficaz de

reconhecimento. Por meio das vinhetas, o ouvinte pode localizar em que parte do fluxo radiofônico se encontra. Há, portanto, um apelo à memória, à evocação de experiências anteriores – [o que remete à] estratégia de fidelização.

A vinheta precisa estar relacionada a todos os aspectos que envolvem o produto para o qual será utilizada, incluindo a questão cultural, a mensagem que o produto quer passar, entre outros fatores. As vinhetas também são comuns em campanhas institucionais[2] na programação radiofônica e em eventos especiais e de conhecimento público, como as Olimpíadas.

2.5.3
Teaser

Ao pé da letra, *teaser*, do inglês, significa "provocação". Trata-se de um trecho extraído de um anúncio, um programa, uma campanha publicitária, uma notícia, entre outros, ou gravado intencionalmente com o intuito de dar destaque ao enunciado e chamar a atenção do ouvinte. No jornalismo, tem como proposta fazer um resumo bastante atraente de uma notícia que será detalhada adiante, como uma espécie de chamada feita na escalada (manchete) do radiojornal pelo próprio repórter – em *off* ou *on*, no caso da televisão – ou apresentando um trecho da reportagem. Por exemplo, no texto fictício a seguir, temos um *teaser* em cada um dos trechos destacados. Observe:

Apresentador: Você vai ouvir, nesta edição: Polêmica na Câmara. Quem conta é o repórter Alisson Limonês.

---

2 Alguns exemplos de vinhetas institucionais antigas foram compilados pela Rádio Globo e podem ser vistas em: JOÃO PEDRO GOMES. Vinhetas Rádio Globo anos 70, 80, 90 e 2000. Disponível em: <https://www.youtube.com/watch?v=88ECoWfnVp8>. Acesso em: 31 mar. 2020.

> *Off* repórter: **Vereador é preso com 100 galinhas no porta-malas. Suspeita é de que político traficava ovos.**
>
> Apresentador: E, ainda, discussão nas Olimpíadas: seleção brasileira de futebol diz que não quer jogar contra a Alemanha.
>
> **Áudio extraído da reportagem**: "Eu não, jogar pra que depois daquela vergonha do 7 a 1? Estamos pensando se vamos entrar em campo".
>
> Apresentador: Eu sou Armando Confusão e essas e outras notícias você acompanha agora, no *Jornal Teste*.

Em alguns casos, ainda é possível identificar uma proposta que se origina no *teaser*, mas que é produzida por um comentarista ao vivo. Em vez de apresentar um repórter ou um trecho de entrevista, o comentarista em estúdio comenta cada manchete anunciada pelo locutor. Nesse caso, como há inserção de opinião, o *teaser* não é tão curto quanto em outros modelos.

Para saber mais

JOVEM PAN NEWS. **Ao vivo**: Jornal da Manhã. Disponível em: <https://www.youtube.com/watch?v=NiJnUBx1zRU>. Acesso em: 13 fev. 2020.

Nesse *link*, você pode conferir, no início do programa *Jornal da Manhã*, esse modelo de *teaser*, ou provocação, produzido em estúdio e que chama a atenção do ouvinte.

O *teaser* também pode ser utilizado para divulgação, por exemplo, extraindo-se trechos de uma ou mais edições de um mesmo programa para montar uma chamada de um produto durante a programação. É uma estratégia bastante utilizada na televisão e no rádio.

No cinema, o *teaser* quase se confunde com o *trailer*, uma vez que ambos têm a mesma função (atrair) e são quase um resumo do que será visto nas telas em breve. Na sétima arte, em específico, o *teaser* não costuma ultrapassar 60 segundos e geralmente não tem cortes; é uma cena extraída do filme, sem montagem, ou seja, não tem trilha ou efeitos especiais, a não ser que já façam parte do próprio filme. Nesses casos, o *teaser* pode ser utilizado de forma fragmentada para gerar expectativa, sem dar muitas informações.

O *trailer*, por sua vez, é mais extenso – tem em média dois minutos e meio de duração – e mais explicativo que o *teaser*, pois precisa inteirar o espectador sobre o filme, dando detalhes, como personagens e diretores que compõem a produção, e apresentando várias cenas e a construção da trama.

Para saber mais

SONY PICTURES ENTERTAINMENT. **The Amazing Spider-Man 2**: Worldwide Trailer Debut in 3 Days!. Disponível em: <https://www.youtube.com/watch?v=aLj7R7kgJdY>. Acesso em: 13 fev. 2020.

SONY PICTURES ENTERTAINMENT. **The Amazing Spider-Man 2**: Official Trailer (HD). Disponível em: <https://www.youtube.com/watch?v=nbp3Ra3Yp74>. Acesso em: 13 fev. 2020.

Acesse os *links* para conferir a diferença entre um *teaser* e um *trailer* no cinema: o primeiro é o *teaser* do filme *O espetacular Homem-Aranha* 2, e o segundo é o *trailer* do mesmo filme.

2.5.4

Spot

O *spot* é uma peça radiofônica exclusivamente publicitária criada para fortalecer a manutenção das rádios. Segundo Barbosa Filho (2003, p. 126), ele "é um comercial com locução que pode ser apoiada por trilha sonora, efeitos e ruídos".

No início, as emissoras eram mantidas por associados, sendo muitos deles empresas que tinham seu nome citado durante a programação, a exemplo do que hoje temos como "apoio cultural" em rádios educativas. Substituindo o patrocínio, a publicidade intensificou-se por volta de 1920, o que fez com que surgissem formatos como o *spot* e o *jingle* (que veremos na sequência). De lá para cá, os *spots* ficaram cada vez mais criativos, e vários autores os dividem em secos e dramatizados.

O **spot seco** não apresenta recursos além da locução, como trilha, efeitos sonoros ou áudio ambiente. É bastante utilizado em campanhas políticas e de comunicação pública, como as de saúde ou segurança. É o caso do *spot* do sabonete Lifebuoy[3], um dos primeiros *spots* do rádio, que indica o produto como algo moderno, com descrição e caracterização no imaginário social como um sabonete para "homens fortes".

Diferentemente do *spot* seco, o **spot dramatizado** utiliza-se de recursos como efeitos e trilha sonora, além da locução. Pode contar, ainda, com atores, dubladores ou os próprios radialistas, que devem não somente narrar o texto, mas interpretá-lo, o que pode envolver drama, humor, caracterização

---

3 FASPERITO. **Propaganda rara**: sabonete Lifebuoy. Disponível em: <https://www.youtube.com/watch?v=LVwgNZ43cRQ>. Acesso em: 13 fev. 2020.

de vozes, entre outros. É o caso dos *spots* da ração Purina[4] e da cervejaria Devassa[5].

2.5.5
Jingle

Segundo Rabaça e Barbosa (1987, p. 345), *jingle* é uma "mensagem publicitária em forma de música, geralmente simples e cativante, fácil de cantarolar e de recordar. Pequena canção, especialmente composta e criada para a propaganda de determinada marca, produto, serviço etc.". Já o publicitário Lula Vieira (citado por Valdejão, 2006), apresentador do antigo programa *Jingles inesquecíveis*, da rádio CBN, apresenta a definição bastante simplificada de que "o *jingle* é uma boa ideia em forma de música".

Diferentemente dos *spots*, que normalmente são feitos com músicas já existentes, os *jingles* são autorais e, portanto, exclusivos. A melodia, a letra e o ritmo são compostos especialmente para um comercial específico, e a proposta é que sejam inesquecíveis, como o da Poupança Bamerindus[6], o do Guaraná Antarctica[7] e o das Casas Pernambucanas[8].

O primeiro *jingle* de que se tem registro é o da Padaria Bragança e seu formato foi criado por Antônio Nássara

---

4 ASAGENCIASPUBLICIS. **Sofá foi criado pela Publicis para Nestlé Purina.** Disponível em: <https://youtu.be/HJDdcey5aFE>. Acesso em: 13 fev. 2020.

5 SIDY CORREA. **Cervejaria Devassa** (*spot* de rádio). Disponível em: <https://www.youtube.com/watch?v=UuhnOU_TOhg>. Acesso em: 13 fev. 2020.

6 MIDPUBLICITARIA. **Poupança Bamerindus.** Disponível em: <https://www.youtube.com/watch?v=KIPsc-1xq3Y>. Acesso em: 13 fev. 2020.

7 CANAL PANKE. **Jingle promocional:** pipoca com guaraná – Guaraná Antarctica. Disponível em: <https://www.youtube.com/watch?v=DJQOeIfR20A>. Acesso em: 13 fev. 2020.

8 CANAL PANKE. **Jingle:** Casas Pernambucanas – não adianta bater. Disponível em: <https://www.youtube.com/watch?v=6A5_f8igyv4>. Acesso em: 13 fev. 2020.

(1910-1996) e Ademar Casé (1902-1993). A busca pelo patrocínio da panificadora foi o que incentivou os radialistas a criar a canção espontaneamente. Sem custo algum, veicularam o que hoje chamamos de *jingle* pela primeira vez e conquistaram o proprietário da padaria, fechando patrocínio de um ano com o programa de Casé.

2.5.6
Efeitos no gênero jornalístico

Em seu artigo *O jornalismo no rádio curitibano*, Witiuk (2008) apresenta uma visão das formas de expressão sonora ainda presentes no radiojornalismo no Brasil. Partindo de sua experiência na capital paranaense, na qual demonstra certo conservadorismo sobre os conteúdos informativos, Witiuk (2008, p. 55) defende o uso de efeitos no radiojornalismo:

> As rádios jornalísticas de Curitiba manifestam certa preocupação no uso da sonoplastia em seus programas informativos, tanto no que diz respeito à plástica do programa no ar quanto nas reportagens que são editadas. Se bem que, em alguns formatos do radiojornalismo, o uso da expressividade sonora (sonoplastia, efeitos) possa auxiliar na apreensão do significado daquilo que se comunica. Certamente, por exemplo, em nada comprometeria a credibilidade o uso de efeitos e música num documentário ou numa crônica. Ao contrário, o conteúdo seria reforçado no seu significado.

A Rádio BandNews – segunda maior emissora no segmento *All News* do Brasil – utiliza-se muito de sonoplastia, especialmente em um de seus programas de maior audiência e transmitido em rede nacional: o *Jornal Band News*, que foi comandado por muitos anos por Ricardo Boechat

(1952-2019) – até sua morte no início de 2019 – e agora é apresentado por Eduardo Barão, Carla Bigatto e André Coutinho. Seu conteúdo é bastante jornalístico, no entanto, além das colunas habituais, há quadros como o de José Simão – em que o colunista dialoga com os apresentadores pelo telefone–, no qual são inseridos efeitos já conhecidos do ouvinte, que caracterizam o clima bem-humorado difundido na conversa.

Assim, é possível perceber que, se em materiais jornalísticos já existe a possibilidade de uso da sonoplastia, esse uso é ainda mais frequente em conteúdo não informativo. É o que tem ocorrido em programas de entretenimento, especialmente em rádios comerciais. O humor tem sido um ingrediente bastante utilizado e, muitas vezes, vem acompanhado de efeitos que o reforçam, até mesmo em programas esportivos.

Segundo Hernandes (2005, p. 130), "em uma mídia de fluxo, que não pode deixar de dar estímulos ao ouvinte sob pena de perdê-lo, ruído e efeitos sonoros cumprem bem a função de serem mais um meio de criar descontinuidades e de buscar atenção do enunciatário".

2.6
Trilha sonora

A trilha sonora é o conjunto de todos os sons que compõem uma narrativa, enriquecendo-a e tornando-a mais harmoniosa. O *background* (BG) é uma trilha sonora que fica, especificamente, em segundo plano e faz fundo para uma informação, seja ela noticiosa, seja ela propagandística, podendo ser natural, gravada durante uma entrevista, um efeito, entre outros.

Na produção de um material radiofônico, a trilha sonora – todos os sons (músicas, efeitos, áudio ambiente etc.) – deve ser pensada já no roteiro, o que requer a consideração de questões como: Quais músicas têm relação com a informação transmitida? Quais partes da gravação externa podem ser utilizadas para enfatizar determinada informação? Tudo isso complementa o conteúdo transmitido pela emissora.

O coordenador artístico, portanto, precisa estar atento aos interesses culturais de seus ouvintes para adequar o que está sendo produzido em sua rádio. Para Hernandes (2005), os efeitos sonoros no radiojornalismo auxiliam na transmissão da informação e na manutenção da audiência. O autor entende que a trilha, os efeitos e a locução se inter-relacionam, proporcionando intensidade à notícia; é a maneira de dar ênfase ao texto e à sua interpretação, valorizando a informação, seja ela qual for.

Um detalhe importante é que as trilhas sonoras podem ser especialmente elaboradas para um produto radiofônico por um músico ou podem ser preexistentes.

Sobre as trilhas preexistentes, a legislação não é específica quanto ao tempo de utilização de uma obra de outrem na mídia. No entanto, segundo a Lei n. 9.610, de 19 de fevereiro de 1998, não constitui ofensa aos diretos autorais:

> a reprodução, em quaisquer obras, de pequenos trechos de obras preexistentes, de qualquer natureza, ou de obra integral, quando de artes plásticas, sempre que a reprodução em si não seja o objetivo principal da obra nova e que não prejudique a exploração normal da obra reproduzida nem cause um prejuízo injustificado aos legítimos interesses dos autores. (Brasil, 1998a, art. 46, VIII)

Alguns meios de comunicação têm uma espécie de manual de conduta ética, que determina a utilização de até 10% da obra original, não ultrapassando o limite de 30 segundos. Para utilizar mais do que isso, é necessário ter autorização do autor.

2.7
Coordenação artística

No rádio (de maneira geral, não somente no radiojornalismo), a coordenação artística define o que conhecemos como o resultado final do conteúdo divulgado pela emissora. É ocoordenador artístico quem delibera as vinhetas de todos os programas, a sonoplastia que deve ser produzida, os efeitos que podem ou não ser utilizados, a produção das trilhas e outros elementos que fazem parte da "plástica" da emissora, ou seja, seu cartão de visita.

Não se trata apenas de compreender a parte técnica, mas de ter a missão de definir quando e de que maneira utilizar recursos e efeitos na edição. A coordenação artística, como o nome já diz, é também uma arte, mas não só isso: é planejamento e conhecimento.

É o coordenador artístico quem aprova a utilização de recursos sonoros na emissora e também direciona o editor, dando-lhe ou não liberdade para fazer ajustes, cortes e inserções na ausência da coordenação ou direção da rádio.

Síntese

Neste capítulo, abordamos o quanto a voz é importante no rádio, não apenas no que se refere à força vocal, mas na condição de elemento que representa a cultura de seu emissor, com as devidas ponderações de respeito às normas da língua portuguesa, à pronúncia adequada e a uma boa dicção.

Destacamos também que o texto deve ser conciso, coloquial e expressivo, afinal, no rádio, o ouvinte tem uma única chance de ouvir a informação. Tratamos, ainda, da função dos efeitos sonoros na linguagem radiofônica como forma de intensificar a informação e proporcionar maior entendimento ao ouvinte, a exemplo da trilha e dos efeitos, além de técnicas para atrair o ouvinte, como o *teaser* e a vinheta.

Questões para revisão

1) Qual é a função do texto na informação radiofônica?

2) Assinale a alternativa que melhor define o conceito de *teaser*.

   a) Mensagem publicitária, em forma de música, simples e cativante.

   b) Peça radiofônica criada para fazer a publicidade da rádio.

   c) Trecho extraído de um anúncio ou notícia gravado para atrair a atenção do ouvinte.

   d) Dura cerca de dois minutos e meio e tem função explicativa.

   e) Nenhuma das anteriores.

3) Qual é a função dos efeitos sonoros na linguagem radiofônica? Cite um exemplo para ilustrar o uso desses recursos no radiojornalismo.

4) Analise as afirmações a seguir sobre o *spot*.

I) São autorais e exclusivos, compostos com uma única finalidade.

II) Podem ser secos ou dramatizados, este último com trilha e locução.

III) O *spot* seco preferencialmente deve ser acompanhado de *background*.

IV) É um comercial com locução, que pode contar com outros elementos de som.

Agora, assinale a alternativa correta:

a) Todas as alternativas estão corretas.

b) Somente a alternativa II está correta.

c) As alternativas I e IV estão corretas.

d) As alternativas II e IV estão corretas.

e) Nenhuma das alternativas está correta.

5) Sobre as regras referentes aos direitos autorais para a utilização de trilha sonora, é **incorreto** afirmar que:

a) alguns meios de comunicação têm manuais de conduta ética sobre o assunto.

b) não é possível utilizar mais do que 30 segundos da obra original.

c) a legislação brasileira é bastante específica, com regras rígidas sobre o tema.

d) se a utilização não prejudicar a exploração normal da obra, a lei permite a reprodução de pequenos trechos.

e) a questão consta em artigo da Lei n. 9.610, de 19 de fevereiro de 1998.

Questões para reflexão

1) O que significa ter uma voz considerada "boa" para o rádio? É uma questão de dom ou de disciplina?

2) Como um profissional de rádio pode se preparar melhor para atuar ao vivo?

3) Muitas pessoas têm a crença de que o radiojornalismo é mais intuitivo e menos técnico, ou seja, que o bom andamento de um programa de rádio depende menos de um roteiro e mais da inventividade do locutor ou do repórter. Isso é uma verdade com relação a esse meio?

3

Legislação brasileira de rádio

Silvia Valim

Conteúdos do capítulo

- Pesquisas de mídia no Brasil.
- Gêneros, formatos e programas radiofônicos.
- Concessões de rádio.
- Documentos vinculados à radiodifusão.
- Rádio em tempos de internet.

Após o estudo deste capítulo, você será capaz de:

1. verificar os protocolos da legislação brasileira para o rádio;
2. conhecer gêneros, formatos e programas radiofônicos;
3. compreender os riscos da concentração midiática;
4. entender a evolução do rádio em relação à internet.

A *Pesquisa brasileira de mídia*, promovida pela Secretaria Especial de Comunicação Social da Presidência da República, faz um diagnóstico dos hábitos de consumo de mídia da população nacional. Na pesquisa de 2016, 66% dos entrevistados declararam ouvir rádio pelo menos um dia da semana. O alto interesse pelo rádio pode ser assinalado como hábito de 35% dos pesquisados, que dizem escutar o meio todos os dias da semana (Brasil, 2016).

Na pesquisa de 2015, o rádio era apontado como o segundo meio de comunicação mais utilizado pelos brasileiros, perdendo apenas para a televisão (Brasil, 2015). Em 2016, a mesma análise revelou que a internet ocupa o segundo lugar, deixando o rádio na terceira colocação na preferência dos brasileiros na hora de se informar (Brasil, 2016).

Mais de 60% dos respondentes afirmaram escutar rádio nos aparelhos tradicionais; 17% disseram ouvir por meio do telefone celular; e 14%, no carro. O rádio também é escutado em aparelhos de MP3 (4%) e por meio do computador (2%).

> O rádio é reconhecido como meio que permite a realização de outras atividades enquanto o público acompanha a programação. Assim, concomitante à escuta do rádio, 37% dos entrevistados disseram cuidar dos afazeres domésticos. Dezessete por cento afirmaram fazer as refeições. O mesmo percentual afirmou que usa o celular e também conversa com outra pessoa enquanto ouve rádio. Os que usam a internet e os que trocam mensagens instantâneas são 10% cada. Os entrevistados que não fazem duas atividades ao mesmo tempo ao ouvir rádio são 18% e os que não sabem ou deixaram de responder somam 3%. (Brasil, 2016, p. 30)

Outra pesquisa, encomendada pela Deloitte Global, aponta o rádio como um meio que superará a TV no futuro. O estudo prevê que, "ao contrário de outras formas de mídia tradicional, o rádio continuará a ter um desempenho relativamente bom entre os mais jovens [...] de 18 a 34 anos" (Rádio..., 2019).

Esses números ajudam a refletir sobre o futuro desse meio de comunicação, que, no cenário de convergência, passa a contar com amplas possibilidades de expansão, conforme será discutido ainda neste capítulo.

3.1
Gêneros, formatos e programas radiofônicos

André Barbosa Filho (2003, p. 89) é um dos autores que se esforçou para compreender os gêneros radiofônicos, apontando que são definidos "em razão da função específica que eles possuem em face das expectativas da audiência".

Luiz Artur Ferraretto (2000, p. 201) considera a existência de três gêneros radiofônicos: (1) informativo, (2) interpretativo e (3) opinativo. Essa perspectiva, no entanto, assim como acontece com outros autores, não se debruça sobre aspectos vinculados à publicidade, à propaganda e ao entretenimento.

Nesse sentido, as reflexões de Barbosa Filho (2003) acabam sendo mais completas para a compreensão a respeito do meio radiofônico. Além de distinguir os gêneros de rádio (jornalístico, educativo-cultural, entretenimento, publicitário, de serviço, propagandístico e especial), o autor também reflete sobre os formatos. Para ele, conhecer bem os gêneros e os formatos do rádio expressa comprometimento com os ouvintes. Em alguns desses gêneros, o formato corresponde também ao tipo de programa que a emissora vai oferecer ao público.

Além de atender aos anseios dos ouvintes, os programas são pensados com base na linha editorial da empresa radiofônica. Também existe aqui, portanto, uma questão de coerência a ser considerada. Não se pode, por exemplo, pensar em manter um programa policial em uma emissora de cunho educativo, pois tal iniciativa se definiria como uma ofensa aos princípios da rádio, mas também esbarraria em aspectos legais.

Confira, a seguir, a classificação dos gêneros radiofônicos proposta por Barbosa Filho (2003) e os formatos que os compõem.

Gênero jornalístico

Tem como foco produzir informações atualizadas para o ouvinte. Os formatos que o compõem são:

- Nota
- Notícia
- Boletim
- Reportagem
- Entrevista
- Comentário
- Editorial
- Crônica
- Radiojornal
- Documentário jornalístico
- Debates
- Programa policial
- Programa esportivo
- Divulgação tecnocientífica

Gênero educativo-cultural

Apresenta programação educativa e cultural. Os formatos que o compõem são:

- Programa instrucional
- Audiobiografia
- Documentário educativo-cultural
- Programa temático

Gênero entretenimento

Um dos gêneros mais comuns nas rádios comerciais, apresenta programação destinada à interação com o ouvinte para seu divertimento, como transmissão de música. Os formatos que o compõem são:

- Programa musical
- Programação musical
- Programa ficcional
- Programa artístico
- Evento artístico
- Programa interativo
- Carta

Gênero publicitário

Também conhecido como *gênero comercial*, seu objetivo é divulgar e vender produtos e/ou serviços. Os formatos que o compõem são:

- *Spot*
- *Jingle*
- Testemunhal
- Peça de promoção

Gênero propagandístico

Tem como proposta influenciar opiniões e sentimentos do público receptor, aliando técnicas de informação e persuasão. Embora se aproxime das intenções do gênero publicitário, é composto de peças públicas e religiosas, por exemplo. Apresenta os formatos:

- Testemunhal
- Peça radiofônica de ação pública
- Programas eleitorais
- Programa religioso

Gênero de serviço

Apresenta informações de acordo com a necessidade do público ouvinte, como anúncios de concurso e vagas de emprego. Os formatos que o compõem são:

- Notas de utilidade pública
- Programa de serviço
- Programete de serviço

Gênero especial

Programas que não se encaixam nos gêneros anteriores, considerados híbridos ou atípicos. Exemplos de formatos que o compõem:

- Programa de variedades
- Programa infantil

3.2
Concessões de rádio

Antes de compreender as questões legais que envolvem o funcionamento de uma rádio, é preciso refletir sobre algumas características do serviço de radiodifusão. Rachel Severo Alves Neuberger (2012) explica que as atividades de comunicação eletrônica por meio de ondas de radiofrequência são definidas como serviços públicos pela Constituição Federal (Brasil, 1988).

Os serviços de radiodifusão, para Neuberger (2012), podem ser classificados quanto ao tipo de transmissão (sons ou sons e imagens); à área (local, regional, nacional); ao tipo de modulação (por exemplo: FM – frequência modulada) e ao tipo de funcionamento (limitado ou ilimitado). Outra classificação referente aos serviços de radiodifusão relaciona-se à modalidade: comercial, educativa ou comunitária, como já abordamos anteriormente.

Para manter uma emissora de rádio em funcionamento no Brasil, desde 1997 é possível que a outorga aconteça de duas maneiras: (1) permissão assinada pelo ministro das Comunicações (ou correspondente), no caso de emissoras locais; ou (2) por meio de concessões, que ficam sob a responsabilidade da presidência da República e se referem à prestação de serviços radiofônicos em âmbito regional (Neuberger, 2012).

■ *Para saber mais*

BRASIL. Decreto n. 1.720, de 28 de novembro de 1995. **Diário Oficial da União**, Brasília, DF, Poder Executivo, 29 nov. 1995. Disponível em: <http://www.planalto.gov.br/ccivil_03/decreto/D1720.htm>. Acesso em: 2 mar. 2020.

BRASIL. Decreto n. 2.018, de 1º de outubro de 1996. **Diário Oficial da União**, Brasília, DF, Poder Executivo, 2 out. 1996. Disponível em: <http:/www.planalto.gov.br/ccivil_03/decreto/D2018.htm>. Acesso em: 2 mar. 2020.

BRASIL. Decreto n. 52.795, de 31 de outubro de 1963. **Diário Oficial da União**, Brasília, DF, Poder Executivo, 12 nov. 1963. Disponível em: <http://www.planalto.gov.br/ccivil_03/decreto/Antigos/D52795.htm>. Acesso em: 2 mar, 2020.

Os dois primeiros decretos tratam dos critérios para a concessão de serviços de radiodifusão e ambos modificam o texto do terceiro decreto, que trata do regulamento dos serviços de radiodifusão no país.

Entre os agentes passíveis de serem considerados aptos a executar serviços de radiodifusão comercial, estão: a União, os estados, os municípios, as instituições universitárias que mantêm cursos na área de Comunicação Social, as fundações (desde que não contrariem o que prevê o Código Brasileiro de Telecomunicações) e as sociedades nacionais que sejam integradas por cidadãos brasileiros.

As outorgas, no caso dos serviços radiofônicos de caráter comercial, são válidas por dez anos e prorrogáveis por igual período quantas vezes houver interesse, desde que todas as determinações legais sejam cumpridas.

3.2.1
Concentração midiática

Apesar de contar com regras para o estabelecimento das outorgas, o modelo brasileiro de concessão de serviços de radiodifusão tem sido objeto sistemático de críticas. Dados do monitoramento *Quem controla a mídia no Brasil?* (Intervozes; Repórteres sem Fronteiras, 2020), promovido desde 2017 pelo coletivo Intervozes em parceria com a organização Repórteres Sem Fronteiras (RSF), indicam que boa parte dos grupos de comunicação pertencem a famílias (algumas poderosas) que transmitem as concessões para as gerações subsequentes.

Entre os dados apresentados na pesquisa, consta que cinco famílias controlam cerca de 50% dos veículos de comunicação de maior audiência no Brasil. Além disso, o Intervozes e o RSF (2020) apontam, ainda, que existem muitos políticos que detêm concessões de rádio e TV no país. Em janeiro de 2019, eles aferiram que, entre os eleitos no ano anterior, pelo menos 20 deputados federais, 6 senadores e 1 governador eram sócios de veículos de mídia. O fenômeno é chamado de **coronelismo eletrônico** e é objeto de ações que há décadas aguardam uma solução do Supremo Tribunal Federal (STF).

Para saber mais

INTERVOZES. Disponível em: <www.intervozes.org.br>. Acesso em: 12 mar. 2020.

No *site* do Intervozes, é possível conhecer mais sobre o coletivo e seu trabalho.

3.3
Documentos vinculados à radiodifusão

Além dos decretos que regem as concessões de serviços de radiodifusão no país, o Código Brasileiro de Telecomunicações (CBT) é o documento que estabelece a regulamentação da área (Brasil, 1962). Passados quase 60 anos de sua instituição, o CBT ainda causa polêmica, especialmente por parte de setores da sociedade civil que defendem a democratização do sistema nacional de telecomunicações.

Enquanto a legislação busca estabelecer parâmetros a serem seguidos pela sociedade, sob pena de punição, outros documentos buscam orientar as práticas no campo das comunicações. Um exemplo é o Código de Ética da Radiodifusão Brasileira, alterado em 1993 pela Associação Brasileira de Emissoras de Rádio e Televisão (Abert). Esse código lista obrigações, princípios e aspectos relacionados à preocupação com o conteúdo oferecido à sociedade. Ainda assim, por se tratar de um documento de orientação e não uma lei, a decisão de seguir ou não as recomendações fica restrita a uma decisão pessoal (Neuberger, 2012).

Nesse sentido, Neuberger (2012) faz uma crítica indicando que qualquer pessoa pode ler o que prevê o código e comparar com a programação a que tem acesso diariamente. A autora observa, por exemplo, que a violência jamais poderia ser abordada sem que houvesse uma reflexão mais responsável.

Nesse esforço de análise, Neuberger (2012, p. 41) ainda destaca o que prevê o art. 10 do Código de Ética da Radiodifusão Brasileira:

A violência física ou psicológica só será apresentada dentro do contexto necessário ao desenvolvimento racional de uma trama consistente e de relevância artística e social, acompanhada de demonstração das consequências funestas ou desagradáveis para aqueles que a praticam, com as restrições estabelecidas neste Código.

Assim como a violência, outros temas são destacados por afetarem a sensibilidade e a dignidade do público. Algumas questões são mais direcionadas ao âmbito televisivo, no entanto, mesmo nas emissoras de rádio, é possível encontrar programas que ferem os princípios estabelecidos no documento.

Para saber mais

BRASIL. Lei n. 4.117, de 27 de agosto de 1962. **Diário Oficial da União**, Poder Legislativo, Brasília, DF, 17 dez. 1962. Disponível em: <http://www.planalto.gov.br/ccivil_03/leis/L4117.htm>. Acesso em: 12 mar. 2020.

ABERT – Associação Brasileira de Emissoras de Rádio e Televisão. **Código de Ética da Radiodifusão Brasileira**. Disponível em: <http://www.soleis.adv.br/codigoeticadaradiodifusaobrasileira.htm>. Acesso em: 16 mar. 2020.

Os códigos citados aqui estão disponíveis *on-line*. A primeira indicação é do Código Brasileiro de Telecomunicações.

3.4
Rádio em tempos de internet

A *webradio*, em inglês, ou *web* rádio e rádio *on-line*, como falamos no Brasil, é uma rádio de transmissão via internet. As rádios tradicionais – AM e FM – já estão na rede, e muitas inclusive transmitem a mesma programação ao vivo, via *site*. No entanto, é preciso distinguir uma *web* rádio de uma rádio que apenas está *on-line*.

Existe uma grande diferença entre uma rádio tradicional, que tem um *site* institucional, disponibiliza seu conteúdo na *web* de forma fragmentada ou, ainda, permite a transmissão em tempo real de sua programação no *site*, e uma *web* rádio ou *net* rádio, que é criada na internet e não é transmitida por ondas, ou seja, é feita exclusivamente para a rede.

Uma possibilidade aberta com as novas tecnologias é a utilização de elementos que complementam as informações transmitidas pelo rádio, como vídeos, fotos e outros. Atualmente, várias emissoras utilizam recursos adicionais para aproveitar o potencial multimídia do veículo radiofônico, a exemplo da transmissão dos bastidores da programação ao vivo.

Essas transformações refletem-se também nos modos de pensar e produzir programas radiofônicos, na construção de uma nova linguagem e, ainda, na valorização do espectador, que, no contexto de convergência, torna-se cada vez mais ativo.

Para Neuberger (2012, p. 142-143), vários aspectos da produção radiofônica precisam ser revistos: "não basta oferecer a mesma programação analógica em formato digital, uma vez que os ouvintes não buscam apenas qualidade do som, mas um serviço multimídia, interativo, mais adequado com os padrões tecnológicos atuais".

É preciso lembrar, por outro lado, que a convergência também altera a cultura de consumo em termos de rádio, porque, com a disponibilização de conteúdo em plataformas digitais, o ouvinte pode consultar a programação na hora que desejar. É o que Neuberger (2012) chama de *radio on demand*.

Todas essas questões representam desafios não apenas para os profissionais de rádio, mas também para os empresários de comunicação. Apesar disso, as novas tecnologias, em certa medida, podem permitir a um jornalista, por exemplo, criar a própria rádio na *web* e experimentar novos formatos em termos de produção de conteúdo.

3.4.1
Digitalização

Outra inovação ocorre no campo estrutural, em relação à digitalização do rádio. Desde 2005, têm sido realizados testes no Brasil para a implementação de um sistema de rádio digital. As primeiras tentativas envolveram o sistema norte-americano *In-Band On-Channel* (Iboc), mas também foram feitos testes com a tecnologia utilizada na Europa.

Segundo Takashi Tome (citado por Costa; Souza; Nascimento, 2018, p. 112),

> Uma definição muito simples para "rádio digital" é a seguinte: desde a invenção do rádio, a transmissão de sons do estúdio até o aparelho receptor, via ondas que trafegam no "éter" (ou seja, no ar), é feita por meio de sinais analógicos. No rádio digital, essa transmissão passa a ser digital, ou seja, por meio de *bits* – zeros e uns. Com essa mudança, consegue-se não apenas transmitir um som mais puro, mas, além disso, como *bit* é *bit*, pode-se transmitir qualquer coisa que seja digital – de pequenos vídeos a programas de computador.

O sistema de rádio digital oferece uma qualidade de áudio superior e também possibilita novas potencialidades, como a "transmissão de outros dados digitais, tais como: imagens, informações de texto referentes a nome de música e autor ou mesmo dados referentes às notícias [apresentadas ao longo da programação]" (Costa; Souza; Nascimento, 2018, p. 112).

Entre os desafios a serem vencidos com relação à implantação da rádio digital no Brasil está, por exemplo, a capacidade de desenvolver conteúdos específicos ou pensados para essas condições de transmissão. Nesse sentido, as iniciativas experimentais podem contribuir, e muito, para as inovações no campo radiofônico.

Para saber mais

COSTA, L. M.; SOUZA, L. S. de; NASCIMENTO, J. D. do. Enquanto o rádio digital não vem: a Rádio Feliz FM e a conquista do espaço virtual. **ECCOM**, v. 9., n. 17, p. 111-121, jan./jun. 2018. Disponível em: <http://fatea.br/seer3/index.php/ECCOM/article/download/424/377>. Acesso em: 12 mar. 2020.

Esse artigo apresenta as dificuldades enfrentadas pela *Rádio Evangélica Feliz FM* para se adaptar aos novos tempos de interatividade no rádio. Sem uma perspectiva clara sobre a chegada do rádio digital no Brasil, as emissoras que decidem acompanhar as mudanças são obrigadas a investir em equipamentos e driblar problemas relacionados à infraestrutura. Confira!

3.4.2

Possibilidades e legislação

Com criatividade, *softwares* de edição sem custo e outros serviços, você pode criar sua própria rádio na internet. Para que tudo saia conforme o esperado, a prioridade é organizar-se.

Uma das vantagens de manter uma rádio na *web* é que, ao contrário das emissoras analógicas, ela não precisa de licenças, registro ou outorga para funcionar. No entanto, isso não significa que o proprietário não possa ser responsabilizado por eventuais desvios éticos na condução dos programas que venha a manter.

Outra questão importante é que embora o Brasil ainda não conte com regras específicas sobre rádios na internet, não significa que isso não possa acontecer um dia. Já existem, por exemplo, projetos de lei no Congresso Nacional que buscam estabelecer parâmetros para o uso desse tipo de tecnologia.

Em contrapartida, a possibilidade de produzir e transmitir conteúdo com características radiofônicas pela internet permite aos mais variados agentes, como organizações da sociedade civil e do próprio poder público, veicular informações de interesse social sem passar pelo crivo dos meios de comunicação comerciais.

A não exigência de adequação à legislação sobre outorga não isenta as *web* rádios de cumprirem outras leis, tanto que o Escritório Central de Arrecadação e Distribuição (Ecad) – uma instituição privada, sem fins lucrativos, estabelecida legalmente no país e que administra os direitos autorais sobre obras musicais –, após determinação federal em 2017, atua no sentido de cobrar pelo uso de obras musicais veiculadas em plataformas na internet. Essa obrigação alcança não apenas as rádios na internet, mas também *podcasts* e serviços de *streaming*. Portanto, antes de sair veiculando músicas através da rede, é importante se informar.

Para saber mais

ECAD – Escritório Central de Arrecadação e Distribuição. Disponível em: <https://www3.ecad.org.br>. Acesso em: 12 mar. 2020.

Confira mais informações sobre o trabalho realizado pelo Ecad.

3.4.3
Planejamento

Para iniciar uma rádio *on-line*, você precisará de alguns equipamentos, a saber:

- **microfone e pedestal de mesa**: para garantir funcionalidade ao operar sua rádio e fazer a locução ao mesmo tempo;
- **isolamento acústico**: procedimento necessário para que o som não ecoe, causando interferências (as espumas de revestimento acústico encontradas em casas especializadas em som/música podem ser utilizadas em toda a sala onde ocorrerá a transmissão da rádio, como em um estúdio tradicional; caso isso estoure o orçamento, utilize-as ao menos na parede que fica em frente ao microfone, para que o som não "bata e volte");
- **conexão com internet**: você precisa de uma velocidade estável (o recomendado é, pelo menos, 1.000 kbps);
- *software* **de edição de áudio**: para pré-produzir o que será transmitido, afinal, nem tudo é possível de realizar ao vivo, ainda mais se você estiver sozinho;
- *streaming*: um *site* de *streaming* (fluxo de mídia) para cadastro da rádio.

Fique atento!

Streaming é uma tecnologia utilizada para envio de informações multimídia (áudio e vídeo) por transferência de dados, ou seja, por meio da internet, a exemplo do YouTube, que possibilita transmissão de vídeos em tempo real. Isso significa que é necessário que sua rádio esteja ligada a uma plataforma que comporte a transmissão sem danos. Um *site* que recomendamos é o <www.ustream.tv>, utilizado tanto para áudio quanto para vídeos.

Além disso, algumas plataformas disponibilizam gratuitamente um tutorial simples para a criação de uma *web* rádio, como Giss.tv, Radiolivre.org, Dissonante.org e Sam Broadcaster.

Síntese

Neste capítulo, apresentamos os diferentes gêneros e formatos do rádio, demonstrando a vasta possibilidade de alcance do meio. Afinal, existe um grande interesse pelo rádio que pode ser potencializado, inclusive gerando uma nova cultura de consumo, por meio da utilização e da experimentação das novas tecnologias.

Abordamos também a legislação referente à concessão de serviços de radiodifusão, bem o Código de Ética da Radiodifusão Brasileira e o Código Brasileiro de Radiodifusão, enfatizando os desafios para torná-los efetivos.

Ainda, ao longo deste capítulo, refletimos a respeito do rádio em tempos de convergência, caso das *web* rádios, e apresentamos algumas orientações importantes sobre a criação de uma rádio na internet e a possibilidade de digitalização no campo radiofônico, já em teste no Brasil.

Questões para revisão

1) Cite os gêneros de rádio, segundo André Barbosa Filho (2003). Em seguida, liste os formatos utilizados em produtos de cunho jornalístico no meio radiofônico.

2) Com base nas informações apresentadas ao longo deste capítulo, como você acredita que será o futuro do rádio?

3) Sobre a digitalização do sinal das emissoras de rádio no Brasil, é correto afirmar:

I) A digitalização do rádio já está acontecendo por meio da criação das *web* rádios.

II) O rádio digital está sendo testado desde 2005, mas ainda não se encontra estabelecido no país.

III) A digitalização do sinal de rádio vai contribuir para acabar com a burocracia referente à concessão de rádios.

Agora, assinale a alternativa correta:

a) Todas as afirmativas estão corretas.

b) Somente a afirmativa I está correta.

c) Somente a afirmativa II está correta.

d) Somente a afirmativa III está correta.

e) As afirmativas II e III estão corretas.

4) Sobre o fenômeno do coronelismo eletrônico, é **incorreto** afirmar:

a) A eleição de políticos ligados a meios de comunicação contribui para a produção de conteúdo mais democrático e para a criação de leis efetivas.

b) O fato de poucas famílias poderosas possuírem concessões de rádio e TV contribui para concentrar a propriedade deles.

c) A legislação brasileira de concessão de rádio e TV não é suficiente para barrar o coronelismo eletrônico.

d) A concentração midiática brasileira vem sendo monitorada por organizações nacionais e internacionais.

e) A concentração midiática compromete a produção de conteúdo democrático.

5) O que é necessário para montar uma rádio na internet?

I) Equipamentos adequados e um bom serviço de *streaming*.

II) Conhecer a legislação referente aos direitos autorais.

III) Obter uma concessão de mídia com o Ministério das Telecomunicações.

IV) Ter opinião forte e promover conteúdos polêmicos para capitalizar a rádio.

V) Manter 24 horas de programação, reservando 5% para a veiculação de conteúdo jornalístico.

Agora, assinale a alternativa correta:

a) As afirmativas I e II estão corretas.

b) As afirmativas III e V estão corretas.

c) As afirmativas II e IV estão corretas.

d) Apenas a afirmativa I está correta.

e) Nenhuma das afirmativas está correta.

Questões para reflexão

1) Por que o rádio persiste como um meio de comunicação com alta expressividade apesar da convergência tecnológica?

2) O Código de Ética da Radiodifusão Brasileira mostra-se suficiente para coibir eventuais abusos com relação à condução das emissoras e dos programas radiofônicos? É possível contar com outras soluções?

3) O sucesso na testagem do sistema digital para transmissão radiofônica vai, por si só, revolucionar o panorama radiofônico no Brasil?

4

A TV no imaginário brasileiro

Alan Marques

Conteúdos do capítulo

- Importância da TV.
- A TV como linguagem.
- A história da TV brasileira.
- Como é feita a grade de programação para a TV.

Após o estudo deste capítulo, você será capaz de:

1. compreender a história da TV brasileira e sua importância na formação do perfil socioeconômico e cultural do Brasil;
2. identificar como a TV transforma a informação que parte do emissor para o telespectador.

Há mais de 60 anos a televisão afeta a vida e a percepção de mundo das pessoas. Assim, nossa proposta de análise vai muito além da ferramenta, aprofundando-se nas camadas mais densas do canal comunicativo e da mensagem que trafega pela via eletrônica, bem como na maneira que o meio transforma a relação entre o áudio, o vídeo e o real sensível.

O primeiro passo para estudar a televisão é entender a história que envolve seu surgimento, o formato da grade de horários, os programas veiculados nesse meio, as empresas de comunicação gerentes dos canais e como a sociedade se relaciona com ela.

Por isso, convidamos você, leitor, a estudar conosco esse meio de comunicação que diminuiu distâncias ao mostrar imagens móveis de diversos cantos do mundo, possibilitando à informação fluir de maneira rápida e ágil entre os povos e à notícia, romper as fronteiras nacionais. Também examinaremos como esse meio integrou o Brasil, apresentando ao brasileiro diversas caras de sua própria população. Além disso, esclareceremos que a TV caracterizou-se pelo modelo comercial controlado pelo Estado e gerido pelo mercado e solidificou-se em um concreto financiado pela política de gerenciamento, via poderes público e privado, do conteúdo ofertado ao telespectador.

4.1
Comunicações, linguagem e televisão

A comunicação é uma área do conhecimento com quase 100 anos, mas isso não quer dizer que seja produto apenas do século XX. O registro do homem e sua vontade natural de passar informação caminha junto com a construção da civilização. Os desenhos rupestres e a escrita hieroglífica, por exemplo, eram formas de comunicação e produção de conhecimento. Na linha do tempo da humanidade, a escrita é a tecnologia de comunicação que marca a passagem da Pré-História à História.

No raiar de 1500, Johannes Gutenberg (c. 1400-1468) possibilitou um salto revolucionário na forma de comunicação ao conceber uma máquina para imprimir textos. A partir dos séculos XVII e XVIII, a eletricidade remodelou a relação do homem com os meios de comunicação, permitindo à sociedade nova modelagem social. São passos ligeiros pelo tempo para apresentar a televisão, posterior ao rádio e anterior à internet, como importante meio da Era da Informação, que uniu a aldeia global em tempo real.

Santaella (2001) afirma que os homens convivem desde sempre com a comunicação como processo social básico de produção e partilhamento dos sentidos. Portanto, o homem contemporâneo não descobriu o processo comunicacional, apenas o elaborou, analisou-o e questionou seu desenvolvimento, possibilitando novas modulações e múltiplas formas de comunicação.

Antes de avançar nos estudos deste capítulo, é importante definir a *comunicação*, o que é um desafio, pois ela não é um campo unificado e sua relação com os múltiplos meios não permite consenso. Conforme esclarece Sodré (2002, p. 35),

> Diferentemente de disciplinas como Sociologia, Antropologia, Psicologia e História, que emergiram academicamente a partir do "continente" filosófico, a Comunicação partiu tanto da

Academia quanto do mercado e sempre teve maior peso prático (é um tipo de saber estritamente ligado à produção de serviços) do que conceitual. Nesta conjuntura, simplesmente inexiste consenso teórico quanto ao seu objeto.

No ano de 1949, dois pesquisadores, Claude Shannon (1916-2001) e Warren Weaver (1894-1978), desenvolveram a **teoria matemática da comunicação**, que trata da conversão, por transmissor ou emissor, de mensagem a ser transmitida para o receptor via canal específico de comunicação. O raciocínio apresentado pelos matemáticos estabelece que é possível a uma fonte de informação selecionar, dentro de uma variedade de mensagens apresentadas, determinado dado a ser enviado. Além disso, Shannon e Weaver entenderam que, durante o processo de transmissão dos sinais, ocorrem distorções e/ou erros não programados pela fonte que causam mudanças indesejáveis, chamados de *ruídos*.

Fato interessante é que os dois pesquisadores tinham como foco a solução de problemas técnicos inerentes ao processo de comunicação de mensagens telegráficas, com o objetivo de obter precisão na transmissão de sinais. Eles desenvolveram elementos básicos, utilizados até hoje, para descrever o processo comunicativo. A relação rudimentar considerada na proposta de análise de Shannon e Weaver, no entanto, envolvia relação e transmissão e deixava de lado a troca que existe no processo comunicativo.

Pelo viés da **biologia**, a comunicação é o princípio organizador da natureza. Ela está presente em temas de estudo como comunicação celular, fluxo sanguíneo, comunicação por contato direto, comunicação por moléculas, comunicação autócrina, comunicação intrácrina, comunicação justácrina, comunicação endócrina e tantas outras formas de relacionamento entre sistemas e células dos organismos vivos.

Portanto, percebemos que não é possível deixar de lado as visões matemática e biológica da comunicação, porque elas existem e funcionam apropriadamente. No entanto, o estudo aqui proposto vai além da perspectiva do envio de informações, visto que abordaremos a comunicação segundo o viés da produção de linguagem e, mais especificamente, como isso afetou a relação entre o espectador e a televisão.

4.2
Produção e perspectiva comunicacional

Eis um modo de entender o fenômeno da linguagem em contraposição aos processos informativo-biológicos e matemáticos: as pessoas se comunicam, as máquinas e organismos trocam informações. A linguagem é vínculo, relacionamento e troca. Os corpos podem se comunicar por meio de máquinas, mas é sempre necessário haver pessoas gerindo e digerindo o processo.

Qualquer suporte de comunicação, como cartaz, vídeo, panfleto, jornal, revista, internet ou televisão, é informação. A comunicação, no entanto, é um processo que só se completa, ou não, após o envio da informação. Em outras palavras, a mente produtora do conteúdo do suporte de comunicação influi sobre o meio para que outra mente seja influenciada. Logo, enviar a informação não é suficiente, pois o receptor precisa ser considerado na produção de linguagem para que o estímulo enviado possa ser processado.

Santaella (2001) indica que as relações comunicativas acontecem após a tomada de decisão (de receber, aceitar ou rejeitar a mensagem), pois ela é apenas um estímulo que pode ou não ser levado em consideração no ato comunicacional.

Portanto, o campo da comunicação pode ser entendido por meio do estudo das relações entre o múltiplo (o meio) e o específico (receptor), com sua raiz transdisciplinar e inter-disciplinar. Aqui, em relação à televisão, surgem algumas questões: Por que assistimos a determinados programas de TV? Por que escolhemos a televisão mesmo tendo toda a informação disponível na internet e nas redes sociais?

4.3
A televisão como campo de estudo

Para ter acesso ao conhecimento, é necessário pesquisar, ler e desenvolver raciocínio elaborado sobre o tema. Nesta seção, abordaremos o que já foi estudado sobre a televisão, em uma reflexão sobre o conhecimento produzido a respeito desse meio no Brasil.

O desafio é, primeiramente, duvidar do que já se conhece para despertar a fome por um saber mais aprofundado, pois quem acredita que já sabe tudo não tem espaço para aprender mais nada. Por isso, é preciso ter a humildade de reconhecer o próprio desconhecimento para que novos conhecimentos possam ser processados em um processo cognitivo permanente. Na música *Todo mundo explica*, o autor e cantor Raul Seixas (1978) provoca: "O que é que a ciência tem? Tem lápis para calcular. O que mais a ciência tem? Borracha para depois apagar".

O ponto de partida do conhecimento é a vontade permanente do ser humano de estudar, pesquisar e descobrir novas formas de se relacionar com o mundo. Daí a importância da frase atribuída a Sócrates: "Só sei que nada sei". A dúvida, na ciência, existe para que as crenças sejam superadas e as verdades científicas – em sua fragilidade e movimento constante pelo campo epistêmico –, repensadas, contestadas e reformuladas, de modo que a história da ciência, do conhecimento, seja escrita a cada nova pesquisa na busca pelo saber. Portanto, apresentaremos aqui proposições e perguntas sem respostas que movem os cientistas e fazem a ciência avançar.

A pesquisa na área de televisão é bastante especial, porque seu objeto de estudo, objeto científico da comunicação, é absolutamente indeterminado. Além de não se tratar de um objeto fixo, imóvel, sofre influência e embates nos campos social, político, estético e tecnológico. A comunicação feita na TV na década de 1950 era completamente diferente da que se faz hoje, com a popularização dos *smartphones* e das redes sociais. A constante transformação tecnológica dos meios é fator de mudança e não permite que a televisão seja um campo de estudo estável, uma vez que ela e seus produtos estão relacionados à velocidade em que a informação circula, ao alcance ou à cobertura, à qualidade técnica etc.

Marshal McLuhan (2007, p. 378) classificou a TV como um meio frio, pois "ela nos envolve numa profundidade móvel e comovente, mas que não nos excita, agita ou revoluciona". Ao apresentar esse meio como uma fonte pulsante de informação audiovisual, McLuhan (2007) afirma que o conteúdo chega ao telespectador de forma tão ligeira que dificulta sua participação. Em outras palavras, uma transmissão televisiva usa tantos recursos de sons, gráficos e dramatização que deixa pouco espaço para a participação da audiência.

> O efeito da TV, a mais recente e espetacular extensão elétrica de nosso sistema nervoso central, ainda não se deixa apreender em toda a sua profundidade por razões várias. Como ela afeta a totalidade de nossas vidas – pessoal, social e política –, seria utópica tentar uma representação "sistemática", ou visual, de sua influência. É mais praticável "apresentar" a TV como uma Gestalt complexa de dados colhidos quase que ao acaso. (McLuhan, 2007, p. 355)

O espaço de debate proporcionado pelo surgimento da televisão é o **telespaço público**, liberto da necessidade do toque físico tão característico dos meios impressos. A figura do espectador, que assiste a um espetáculo, transforma-se em telespectador bombardeado por milhões de informações eletrônicas concentradas no dispositivo da televisão. Confome aponta Virilio (1996, p. 130), as "telepresenças" se entendem com a apresentação de três lógicas na história da imagem: "a lógica formal (aquela que domina a pintura, gravura, arquitetura), a lógica da dialética (do fotograma na fotografia ou no cinema) e a lógica paradoxal (que começa com a invenção da videografia, da holografia e da infografia)".

A sociedade atual não depende mais da presença física porque está reativa no formato da "telepresença". Segundo Virilio (1996, p. 131),

O paradoxo lógico [...] está no fato de essa imagem em tempo real dominar a coisa representada, nesse tempo que se torna mais importante hoje do que o espaço real. Essa virtualidade que domina a atualidade, perturbando a própria noção de "realidade". Daí [...] essa crise das representações públicas tradicionais (gráficas, fotográfica, cinematográficas...) em benefício de uma apresentação, de uma presença paradoxal, telepresença à distância do objeto ou do ser que suplanta sua própria existência, aqui e agora.

Falar sobre a televisão brasileira vai além do estrato epistêmico, pois ela está envolvida na modelagem da nação e desvenda sua camada mais profunda quando analisamos todo o contexto da sociedade nacional.

Caparelli (1982) aponta que a linha histórica de análise da televisão brasileira tem viés sociológico com escopo formado pela influência do poder e do capital no desenvolvimento dos serviços de TV. O autor ainda critica questões ligadas à teoria da dependência, ao imperialismo e à sobreposição de cultura dominante. Nesse sentido, o autor acredita que o modelo da TV seria moldado por projetos desenvolvimentistas agendados, pela modernização nacionalista ou neoliberal para a difusão e o reforço da ideologia dominante, com propagandas de produtos e estilos de vida.

Esse viés facilita o entendimento da potência da televisão brasileira em modelar a sociedade, por isso é importante entender como seu passado se envolve na formação da nossa sociedade.

4.4
História da TV no Brasil

A história da televisão no Brasil teve início comercial em 18 de setembro de 1950, quando, com equipamentos trazidos por Assis Chateaubriand (1892-1968), foi inaugurada a TV Tupi São Paulo, o primeiro canal de televisão do país. A cerimônia simples contou com Chateaubriand instalando vários aparelhos pela cidade de São Paulo para que a população conhecesse o que era a televisão. Foi exibido o *show TV na Taba*, uma referência aos povos indígenas. O símbolo da emissora era um pequeno índio, que anunciou, na voz da atriz Sonia Maria Doce: "Boa Noite! Está no ar a televisão do Brasil". Quatro meses depois, a TV Tupi Rio de Janeiro entrou no ar.

O primeiro programa contou com Hebe Camargo, Inezita Barroso, Wilma Bentivegna, Lolita Rodrigues – que cantou o *Hino da televisão brasileira*[1], de Marcelo Tupinambá – e Guilherme de Almeida.

O brasileiro, então, começou a ter contato com nomes que modularam o imaginário da população: Silvio Santos, Roberto Marinho, TV Globo, TV Bandeirantes, TV Tupi etc. No ano de 1957, as cidades de São Paulo e Rio de Janeiro transmitiram o Grande Prêmio Brasil de Turfe, diretamente do Hipódromo da Gávea (RJ).

Ao estudar a sequência cronológica do avanço da TV na realidade brasileira, não se pode deixar de lado o fato de que seu crescimento estava ligado à mudança de paradigma da época, proveniente do crescimento da população urbana e

---

1 Para ouvir o hino, acesse: HINO da TV brasileira. Disponível em: <https://www.youtube.com/watch?v=MEwPEcRmlUs>. Acesso em: 30 abr. 2020.

dos avanços tecnológicos, como a inauguração das primeiras torres de rastreamento de satélites da Embratel. O Brasil seguia se conectando ao mundo por meio de avanços significativos nos meios de comunicação e na transformação do perfil do brasileiro. Outro avanço tecnológico chegou ao território imagético da televisão brasileira no dia 31 de março de 1972: a TV em cores.

Confira a seguir outros fatos importantes na linha do tempo da criação das emissoras.

- **1959** – A TV Continental (RJ) apresenta a novidade do videoteipe.
- **1960** – A TV Jornal do Commercio e a TV Rádio Clube de Pernambuco chegam ao Recife.
- **1966** – A TV Globo, canal 4 do Rio de Janeiro, começou a funcionar e logo comprou a TV Paulista, mudando seu nome para TV Globo São Paulo e dando início à criação da Rede Globo.
- **1967** – A TV Bandeirantes (SP) foi ao ar em maio, no canal 13.
- **1981** – Silvio Santos uniu suas emissoras em agosto, formando o Sistema Brasileiro de Televisão (SBT).
- **1983** – A Rede Manchete foi ao ar com canais no Rio de Janeiro, em São Paulo, em Belo Horizonte, no Recife, em Brasília e em Fortaleza.

Com a popularização da televisão nos lares brasileiros, surgiu uma nova prática de apresentação de notícias: o **telejornalismo**, do qual trataremos com maior profundidade mais adiante. São programas que duram entre segundos e horas e divulgam notícias dos mais variados tipos, com imagens, sons, apresentadores e narração. Cada um dos canais televisivos desenvolveu a própria estrutura jornalística para sua programação normal, tendo seus telejornais transmitidos diariamente em horários pré-fixados, com o objetivo de fidelizar o público. Na grade de programas de entretenimento das redes, plantões noticiosos podem parar o fluxo da programação para o anúncio de notícias importantes ou urgentes. O telejornalismo teve seu marco inicial nos anos 1950 com a TV Tupi. A voz mais marcante da época foi a de Heron Domingues (1924-1974), do telejornal *Repórter Esso*.

Domingues é considerado o primeiro apresentador da TV brasileira. Ele marcou a história do país ao noticiar, ao longo de 33 anos de profissão, momentos marcantes da sociedade contemporânea. Com Domingues, o telespectador nacional inteirou-se do lançamento da bomba atômica sobre Hiroshima, do suicídio de Getúlio Vargas, da morte repentina da cantora Carmem Miranda, da saída voluntária de Jânio Quadros da Presidência do Brasil e dos passos do homem na Lua. Os primeiros telejornais apostavam tudo na força do locutor, já que não havia o recurso de imagens pré-gravadas.

Os telejornais da atualidade apresentam-se como a maior fonte de informação da população brasileira. Segundo a *Pesquisa brasileira de mídia 2016* (Brasil, 2016), 89% dos brasileiros se informam sobre o que acontece no país pela televisão, sendo que 63% têm na TV o principal meio de informação. No que se refere aos outros veículos, quase metade dos brasileiros (49%) declarou usar a *web* para obter notícias (primeira e segunda menções), ao passo que o rádio ficou em terceiro lugar (30%), seguido dos jornais impressos (12%) e das revistas (1%).

A televisão se fortaleceu no imaginário brasileiro com as novelas, que seguem enraizadas nas grades das emissoras. Um ano após a inauguração da TV no Brasil, em dezembro de 1951, foi ao ar a primeira novela brasileira: *Sua vida me pertence*. É importante destacar que, com a ausência de recursos para gravar a *performance* dos atores – como ainda não existia o videoteipe –, os 15 capítulos do drama foram transmitidos ao vivo e só há registros fotográficos do primeiro folhetim nacional.

A primeira novela foi ao ar às terças e quintas-feiras, mas logo se descobriu, de maneira empírica, que era necessário criar o hábito de manter o telespectador diante da TV todas as noites em um horário regular.

A TV Excelsior produziu o primeiro folhetim diário televisivo, que se chamou *2-5499 Ocupado* e contou com um formato sem pretensão. Aos poucos, as novelas brasileiras se transformaram em fenômeno cultural e de massa que, junto com o carnaval e o futebol, consolidou o arcabouço do espírito brasileiro.

Na relação entre a novela e a sociedade brasileira, muitas vezes, é difícil dizer quem influenciou quem. A chegada dos anos 2000, com seus avanços tecnológicos, mudou a maneira de se produzir novelas, com o processo se aproximando cada vez mais do formato industrial focado na geração de lucros. A chamada *guerra pela audiência* se tornou ponto de tensão e formatação do que é ofertado ao espectador. Mesmo assim, a estrutura das tramas manteve-se baseada no melodrama folhetinesco característico das antigas radionovelas do começo do século passado.

A televisão por assinatura abriu novo campo de negócio para os empresários e reconfigurou a relação entre os produtos televisivos e a audiência. O formato inovador da modalidade de conteúdo por pagamento ou por subscrição, que pode ser chamado de *televisão premium*, configurou-se pela exclusividade, contando com plataforma multicanal ou de único canal acessada após contratação de serviço de distribuição.

A modalidade pagamento por visão (PPV) e o sistema de pagamento de conteúdo por demanda somaram-se às plataformas de assinaturas de canais pagos disponibilizados por cabo ou satélite, reconfigurando a oferta de novas modalidades de programas para o telespectador, que foi da passividade à demanda por conteúdo customizado. A transformação desse processo iniciou-se nos Estados Unidos com a TV a cabo, cujos telespectadores pagavam para ter acesso aos sinais das emissoras. Já no Brasil, a TV por assinatura surgiu no final dos anos 1980 com o Canal+, que repetia a programação da ESPN e da CNN norte-americanas e da RAI italiana. O canal brasileiro TVM (TV Música) surgiu como especializado em músicas. No começo dos anos 2000, com a proliferação de serviços como a internet de banda larga, houve uma explosão de ofertas de canais a cabo.

A consolidação da televisão brasileira tem ligação direta com o ideário nacionalista e centralizador formulado durante o Regime Militar (1964-1985), já que o telespaço foi configurado para construção da hegemonia de um discurso e um espírito nacionalistas. Mesmo com o fim do regime, a televisão manteve a vigência dos ícones patrióticos ao ancorar o imaginário brasileiro ao culto da potência nacional.

No Brasil, a indústria cultural ligada à televisão foi concebida pelo Estado, que controla o sistema de concessão de canais e, por meio de agências reguladoras, mantém a adequação do conteúdo disponibilizado. O Regime Militar elaborou um programa de integração nacional por meio da televisão, concentrando o pensamento de produção de conteúdo no eixo Rio-São Paulo e espelhando esse conteúdo nas repetidoras regionais. Até hoje, a televisão brasileira se sustenta ideologicamente nos pilares do pensamento de mercado e do Estado, em uma simbiose lubrificada pela musculatura da Embratel, que fornece estrutura e tecnologia para que o sinal das televisões alcance o país de forma eficiente.

Após a queda do Regime Militar, os frutos tecnológicos adquiriram vida própria na democracia, com abertura gradual do mercado, que, aos poucos, internacionalizou-se.

A formação do imaginário brasileiro pelo meio televisivo se configurou no dueto representação e narrativa, em que a ficção e o jornalismo transitam juntos. A telenovela e o telejornalismo geraram matrizes de comunicação para a aproximação, amalgamando o universo uno e indivisível do congraçamento nacional em tom patriótico, mas com pé no objetivo comercial.

O florescer de emissoras pelo país possibilitou aos brasileiros se reconhecerem como nação, e as distâncias físicas se dobraram à representação do real sensível por meio de câmeras e microfones que captam informações visuais e sonoras. Assim, a televisão possibilitou a conversão da realidade do cidadão em formas bidimensionais difundidas por meio eletromagnético via cabo e satélite, representando um fator importante na cultura popular da sociedade brasileira contemporânea.

A televisão baliza-se nos padrões tecnológicos e comunicacionais voltados ao saciamento do debate público, cobrindo as lacunas da circulação periódica dos meios impressos e imperando na cobertura nacional com recursos de transmissão ao vivo, em que o momento de veiculação coincide com o fato.

Como afirmamos anteriormente, a televisão traz consigo a marca identitária da cultura nacional formatada pelo Regime Militar e por interesses comerciais de integração nacional. Com o processo de evolução tecnológica dos meios, a transformação do espaço midiático nacional e a configuração do espaço público pelo imediatismo do vídeo-imagem ao vivo, as emissoras de televisão assumiram um papel muito além de apresentar conteúdo: formaram o pensamento da nação.

Atualmente, o processo de solidificação da televisão brasileira – que se atualiza pela participação direta da audiência, como acontece em *reality shows* como o Big Brother Brasil – exige uma nova leitura sobre o meio televisivo, conforme definido por McLuhan (2007) mediante o conceito de relação com o espectador inerte. De fato, a sociedade foi chamada para participar como plateia, porém com pouco poder de ação, e as novas tecnologias de interação com os programas estão transformando os telespectadores em compulsivos que não percebem a prestidigitação da TV.

4.5
Folhetim

O processo de comunicação do homem, desde as pinturas rupestres, é usado para documentar eventos e transmitir informações. Na história da civilização, uma das formas de narrar acontecimentos importantes ou transmitir lições de moral às novas gerações foi por meio das fábulas. Alguns mitos, como a lendária figura do Rei Artur e o Labirinto de Creta, não tinham apenas o objetivo de entreter a sociedade exausta da rotina cotidiana, mas também de oferecer posicionamentos reflexivos sobre os dramas da vida humana. Ao analisar os desfechos dessas histórias, o homem pode vislumbrar respostas aos próprios desafios e se desenvolver como pessoa. "A função primária da mitologia e dos ritos sempre foi a de fornecer os símbolos que levam o espírito humano a avançar, opondo-se àquelas outras fantasias humanas constantes que tendem a levá-lo para trás" (Campbell, 2007, p. 21).

Campbell (2007) esclarece que a representação mítica é fruto da própria espontaneidade humana, que entende e interpreta os mitos como o caminho e a razão para a própria existência. Isso explica o fato de os mitos, por mais arrojados e diferentes que sejam, apresentarem sempre a única e mesma história: a jornada do herói, na qual a chamada ao desafio e à aventura tem início com o auxílio de um sábio ou amigo, seguindo-se de batalhas preparatórias, o momento do desafio final, a morte e a ressurreição para o retorno à normalidade da vida.

Os arquétipos modulados para o comportamento social, em nossa época, foram oferecidos pelo cinema e pela novela como produtos da cultura de massa – aquilo que é artificialmente fabricado para o consumo da população. Segundo Morin (2009, p. 21), "todo o setor das trocas entre real e imaginário, nas sociedades modernas, se efetua no modo estético, através das artes, dos espetáculos, dos romances, das obras ditas imaginárias". Talvez por isso as novelas brasileiras façam tanto sucesso: porque são um espelho em que cada cidadão pode ver refletida a própria identidade.

A cultura de massa, ainda segundo Morin (2009, p. 21), "constitui um corpo de símbolos, mitos e imagens concernentes à vida prática e à vida imaginária", que fomenta "o ser semirreal, semi-imaginário, que cada um secreta no interior de si (sua alma)". Assim, as novelas, em seu formato de folhetim, apresentam ciclos repetidos das típicas narrativas mitológicas. A única alteração nessa fórmula está na estrutura de roteiro, que objetiva reter a atenção do público por meio do sistema usado nas fábulas de projeção e identificação. Na contemporaneidade, com a satisfação medida pela audiência, os roteiros das novelas se transformam, mudam ou mesmo elencam novo protagonista conforme o retorno do telespectador da novela.

No atual mundo altamente excitado pelos meios, o modo estético, a troca entre o real e o imaginário é a mesma troca entre ser humano e mundo espiritual que se dava por intermédio do culto e do feiticeiro. O impacto das novelas brasileiras na sociedade é intenso e, em seu histórico, é possível identificar esquemas de modulação de comportamento ligados à construção, mediante a virtualidade das imagens do teatro televisivo, do imaginário e do real sensível. Alguns temas apresentados pelas novelas subvertem o esquematismo do discurso mítico para inserir narrativas que não nos permitem fazer o caminho proposto pelas fábulas mitológicas: exorcizar as imagens da nossa infância e passar à vida adulta.

A influência das produções de telenovela sobre o comportamento brasileiro vai muito além do entretenimento e da crônica da vida cotidiana. Folhetins como *Roque Santeiro*, *Verão vermelho* e *Amor à vida* reforçaram na sociedade debates a respeito do celibato, do divórcio e da homossexualidade, temas antes considerados tabus pela população. Em uma análise epistêmica, o futuro pesquisador poderá entender como funcionava a estrutura social do Brasil ao analisar o acervo gigantesco de novelas produzidas nas últimas décadas.

4.6
Telejornal

O telejornalismo é mais uma forma de conquistar o coração e o cérebro dos telespectadores que buscam o entretenimento na TV. Essa batalha é travada por jornalistas com a sutileza das palavras, acrescidas de imagens, que buscam a atenção da audiência em relação a temas mais profundos voltados a aspectos políticos, sociais e econômicos. O espaço dado à notícia nas grades de programação reflete a importância desse gênero, que canaliza verbas publicitárias de governos, partidos políticos, empresários e entidades diversas que entendem que o jornalismo televisivo é ferramenta vital na comunicação de massa.

4.6.1

Contexto histórico

A "pré-história" do jornalismo (1600-1789) caracteriza-se por economia elementar, produção restrita e artesanal e formato similar ao livro. A primeira fase do jornalismo (1789-1830) tinha perfil literário e político, com textos críticos, sem lucro e gerenciados por escritores, políticos e intelectuais. A segunda fase (1830-1900) foi a da imprensa de massa, cujas marcas eram o profissionalismo dos jornalistas, a elaboração do contexto de reportagens e manchetes, a utilização da publicidade e o fortalecimento do jornalismo como negócio. A terceira fase (1900-1960) é a da chamada *imprensa monopolista*, que contava com grandes tiragens e influência nas relações por meio do poder exercido pelos grandes grupos editoriais. Por fim, a quarta fase do jornalismo (1960 até a atualidade), na qual o telejornalismo se enquadra, é marcada pela informação eletrônica e digital com ampla utilização da tecnologia, pela mudança no perfil do jornalista e pelo aumento da velocidade na transmissão de informação com valorização do contexto visual da notícia – o que levou à crise da imprensa escrita e ao apogeu da circulação de notícias nos meios eletrônicos e digitais.

A chegada da Família Real portuguesa ao Brasil, em 1808, foi um marco importante para a então colônia, pois foi inaugurada a imprensa no país. A demora ocorreu porque o processo de colonização brasileira esteve focado na exportação da produção de bens, o que atrasou e dificultou o desenvolvimento interno. Além disso, pequena parte da sociedade da época era alfabetizada, os povos indígenas não dominavam o idioma da Coroa Portuguesa, o aspecto urbano era pouco estimulado, o investimento estatal era baixo e Portugal censurou a imprensa no período pré-independência.

Assim, a chegada de Dom João VI e de toda a Família Real ao Brasil motivou uma importante transformação, que contou com abertura dos portos, investimentos na economia, estímulo à urbanização e criação de escolas, bibliotecas etc. Durante 14 anos, entre a chegada da Família Real e a independência em relação à Portugal, existiu a Imprensa Régia, que não publicava nada contra a religião, os bons costumes ou o governo. Hipólito José da Costa (1774-1823) criou o *Correio Braziliense*, editado em Londres, no dia 1° de junho de 1808, o qual teve 29 volumes editados até 1823. Três meses após o lançamento da primeira edição do *Correio Braziliense*, foi lançado, no Rio de Janeiro, o jornal *Gazeta do Rio de Janeiro*, editado pelo frei Tibúrcio José da Rocha (1778-1840) e por Manuel Ferreira de Araújo Guimarães (1777-1838).

É importante apresentar essa linha temporal da imprensa nacional para chegar à produção dos telejornais brasileiros. Os primeiros anos da República Brasileira, proclamada em 1889, possibilitaram ao jornalismo transitar do aspecto artesanal para o espaço do negócio empresarial.

O caráter opinativo das linhas editoriais concedeu espaço ao jornalismo noticioso e de informação. Assis Chateubriand – dono dos *Diários Associados* e percursor da TV no Brasil – tornou-se figura onipresente no mercado editorial; Irineu Marinho (1876-1925) fundou o jornal *O Globo*, dando início às Organizações Globo. O processo de formação empresarial da imprensa brasileira teve como matriz núcleos familiares que até o início deste milênio ainda controlavam o fluxo de informação e de notícias no país.

Quadro 4.1 Grandes conglomerados de mídia em 2017

País	Conglomerado	Empresário
Brasil	Organização Globo	Família Marinho
Brasil	Grupo Abril	Família Civita
Brasil	Folha de S.Paulo	Família Frias
Brasil	O Estado de S. Paulo	Família Mesquita
México	O Grupo Televisa	Ángel González
Colômbia	TV Caracol	Júlio M. Santo Domingo
Itália	Conglomerado de Mídia Mediaset	Silvio Berlusconi
Alemanha	200 jornais e revistas	Silvio Berlusconi
Rússia	Novaya Gazeta	Alexander Lebedev
EUA	Cox Enterprise	Anne Cox Chambers
EUA	News Corporation	Rupert Murdoch

Fonte: Elaborado com base em Bistane; Bacellar, 2006.

O período das duas grandes guerras mundiais também possibilitou o crescimento da imprensa, sendo o rádio, na Segunda Guerra Mundial (1939-1945), o mais influente mobilizador da sociedade nacional.

4.6.2
Ciclo noticioso e prática profissional

Segundo Wolf (2005, p. 196), "os critérios de noticiabilidade correspondem ao conjunto de critérios, operações e instrumentos com os quais os aparatos de informação enfrentam a tarefa de escolher cotidianamente, de um número imprevisível e indefinido de acontecimentos, uma quantidade finita e tendencialmente estável de notícias".

O conhecimento do **processo de produção de notícias** permite visualizar como se define o conceito de *noticiabilidade*. No telejornalismo, é crucial o entendimento de que o limite de veiculação está ligado ao tempo destinado ao programa. Conforme aponta Kunczick (2001), o processo de compreensão da noticiabilidade (*newswhorthiness*) passa por todo agente da produção jornalística – característica da notícia, postura do jornalista, formação profissional, infraestrutura da empresa de mídia, qualidade da imagem e do texto e relações éticas, históricas e socioeconômicas das fontes, dos públicos e da empresa de notícias.

A informação pode chegar à redação do telejornal de várias maneiras: pelo contato da comunidade, indicando pauta de interesse; pela vontade da linha editorial da rede em apresentar temas de interesse da corporação; por meio de agenda de eventos relacionados com o interesse da sociedade e de levantamentos exclusivos apresentados pelos repórteres da casa etc. A entrada da notícia na redação do jornal eletrônico, portanto, pode se dar por:

- apuração;
- denúncia;
- *release*;
- interesse público;
- fofoca.

O conceito do valor-notícia não depende apenas da vontade do jornalista, mas segue critérios que medem:

- potencialidade;
- curiosidade;
- apurabilidade;
- noticiabilidade;
- verificabilidade.

Confira no Quadro 4.2 a categorização dos tipos de assunto noticiáveis.

A TV no imaginário brasileiro

Quadro 4.2 Proposta de valores-notícia para operacionalizar análises de acontecimentos noticiáveis/noticiados

IMPACTO Número de pessoas envolvidas (no fato) Número de pessoas afetadas (pelo fato) Grandes quantias (dinheiro)	**PROEMINÊNCIA** Notoriedade Celebridade Posição hierárquica Elite (indivíduo, instituição, país) Sucesso/Herói
CONFLITO Guerra Rivalidade Disputa Briga Greve Reivindicação	**ENTRETENIMENTO/CURIOSIDADE** Aventura Divertimento Esporte Comemoração
POLÊMICA Controvérsia Escândalo	**CONHECIMENTO/CULTURA** Descobertas Invenções Pesquisas Progresso Atividades e valores culturais Religião
RARIDADE Incomum Original Inusitado	**PROXIMIDADE** Geográfica Cultural
SURPRESA Inesperado	**GOVERNO** Interesse nacional Decisões e medidas Inaugurações Eleições Viagens Pronunciamentos
TRAGÉDIA/DRAMA Catástrofe Acidente Risco de morte e Morte Violência/Crime Suspense Emoção Interesse humano	**JUSTIÇA** Julgamentos Denúncias Investigações Apreensões Decisões judiciais Crimes

Fonte: Silva, 2005, p. 104-105.

Os quesitos do Quadro 4.2 enumeram o interesse do indivíduo pelo cotidiano que o circunda e isso reflete-se na construção dos valores-notícia que vão saciar essas demandas, a fim de cativar a audiência.

Após a definição desses quesitos, a seguir elencaremos as funções que o repórter pode exercer na estrutura do telejornalismo, que vão desde verificar a qualidade dos textos e avaliar as reportagens até atestar a veracidade dos fatos.

- **Pauteiro**: seleciona assuntos do cotidiano social que tem relevância noticiosa.
- **Produtor**: articula a demanda gerada pelo pauteiro para que seja realizada a reportagem.
- **Repórter**: usa as ferramentas jornalísticas para sintetizar um fato noticioso em reportagem.
- **Repórter-cinematográfico**: produz interpretação visual jornalística para que um fato noticioso se torne reportagem visual.
- **Redator**: consolida a produção textual para os parâmetros editoriais do meio jornalístico.
- **Chefe de reportagem**: coordena o processo de produção jornalística.
- **Editor**: organiza o que foi produzido para ser veiculado.
- **Apresentado**: é a figura humana que transmite ao telespectador a notícia produzida para o telejornal.

Em resumo, o que difere a informação veiculada no telejornalismo do que é passado em outros programas da grade televisiva é o valor único e originário do jornalismo: a notícia.

4.7
Programas de auditório

Genericamente, a figura central desse formato é um apresentador cativante, performático e com domínio das ferramentas televisivas. O palco do programa de auditório tem a configuração de um teatro romano, no qual a figura central do apresentador controla a atenção do telespectador e da plateia, que, por sua vez, é composta de pessoas de diversas origens. A interação ocorre de forma imediata por meio de vaias e aplausos e em provas, brincadeiras ou entrevistas.

O ano de 1955 foi o marco para o segmento com o *Programa de Gala*, transmitido na TV Rio e na TV Tupi, com a presença de expoentes do mundo artístico, como Oscarito, João Gilberto, Ema D'Ávila, Luís Delfino, Chico Anysio, Carmem Verônica, Íris Bruzzi e o arquiteto Oscar Niemeyer. Dois anos depois, a mesma TV Tupi começou a apresentar o programa musical *Um instante, maestro*, com o ícone Flávio Cavalcanti. Na Rede Globo, Paulo Gracindo e Sílvia Bandeira apresentaram o *8 ou 800*, um programa de perguntas e respostas sobre cotidiano. *O céu é o limite*, apresentado por J. Silvestre, marcou toda uma geração com o bordão "Resposta absolutamente certa". No mesmo período, Hebe Camargo comandou vários programas, como *Calouros em desfile*, *Hebe comanda espetáculo*, *Com a mão na massa*, *O mundo é das mulheres* e *Maiôs à beira-mar*. Até a morte da apresentadora, o programa *Hebe* se manteve na grade de programações da TV Record, da Band e, por fim, do SBT.

A seguir, destacamos grandes mediadores que não só modularam o papel de apresentador de auditório, mas também definiram o perfil desse gênero televisivo.

Abelardo Barbosa (Chacrinha)

Apresentou os programas *Discoteca do Chacrinha*, *Buzina do Chacrinha* e *A hora do Chacrinha*, o primeiro programa de calouros da TV brasileira.

Silvio Santos

Estreou na televisão em 1963 na extinta TV Paulista. De apresentador, ele se transformou em dono de emissora e ícone das tardes de domingo. Antes de criar o SBT, em 1981, teve programas de auditório, compostos de gincanas e premiações, na TV Globo, na TVS e na TV Record.

Edson Cury

Foi apresentador do *Clube do Bolinha*, na Rede Bandeirantes, de 1974 até 1994, sempre nas tardes de sábado. A apresentação trazia atrações musicais e concurso de calouros.

4.8
O que é o real na televisão?

O *reality show* é um programa da grade das redes de televisão que apresenta pluralidade de elementos televisivos, como concurso, drama, ficção, novela e documentário, em um processo de construção narrativa singular, em primeira pessoa, em que a midiatização foca na banalidade do cotidiano relatado por pessoas comuns envolvidas em experiências da vida profissional, pessoal e familiar.

A estética documental é a pretensão dos programas de realidade. Afinal, ela que faz dos espectadores cúmplices, pois estes interferem no produto final entregue pela TV e o aferem. Assim, há a provocação, por meio de participação direta no resultado, da audiência para que ela se torne quase interlocutora, podendo não só escolher os elementos disponibilizados nos pseudodramas, como também interferir na finalização do resultado, transformado pela vontade e pela escolha do espectador, que se torna coautor do *show*.

Esses programas dão acesso a uma suposta verdade interior dos personagens, que se desnudam, e as imagens do cotidiano, com suas banalidades, geram um interesse na audiência similar ao do vizinho que não consegue se desligar do crescimento da grama do jardim alheio. A problemática do outro, seja dos participantes, seja da audiência, funde-se e o desejo de alteração do resultado final se transforma em agonia latente e mediada pela televisão.

O *reality show*, no entanto, não passa de mais uma forma simulada e ensaiada da realidade, pois sua mediação está na câmera que captura as *protopersonas* em ambiente climatizado e encenado para parecer natural. A atração maior dos programas de realidade é a possibilidade de interferência do público, diretamente do conforto de seu lar e por meio de dispositivos de expressão instantânea, como *smartphones*, com a escolha do destino ou a seleção de cada um dos participantes. É uma brincadeira de ser Deus, na qual o espectador tem a ilusão de interferir no destino do personagem indefeso.

Síntese

Neste capítulo, tratamos da história da televisão no Brasil e dos aspectos e campos de tensão proporcionados pelo surgimento do telespaço público, compreendendo que a figura do espectador de teatro ou cinema, que apenas assiste ao espetáculo, transforma-se em telespectador, sendo bombardeado por milhões de informações eletrônicas concentradas no dispositivo da televisão. Nesse contexto, as "telepresenças" aparecem como uma nova forma de interpretar o mundo.

Para saber mais

CHACRINHA: o velho guerreiro. Direção: Andrucha Waddington. Brasil: Paris Filmes/Downtown Filmes, 2018. 113 min.

Esse filme apresenta a trajetória de José Abelardo Barbosa, o Chacrinha, desenhando o perfil do apresentador desde a faculdade de Medicina e sua decisão de largar o curso para trabalhar como locutor de rádio até sua transformação em fenômeno da televisão brasileira.

Questões para revisão

1) Por que as transmissões de rádio e televisão, antigamente realizadas pelo sistema *broadcasting*, hoje podem ser realizadas digitalmente?

2) O formato no qual a notícia completa de um telejornal é apresentada e sustentada pelo repórter direto do lugar do acontecimento é:
   a) ao vivo.
   b) reportagem.
   c) consultoria.
   d) assessoria de imprensa.
   e) âncora.

3) A produção é responsável pelas condições materiais e pelo conteúdo do telejornal, por isso deve primar:

   a) pela coordenação do telejornal antes da apresentação e fora do estúdio, pois, quando inicia a veiculação, a responsabilidade passa a ser do diretor de jornalismo.

   b) por arquivar e catalogar todas as matérias veiculadas no telejornal para futuras consultas.

   c) por buscar pautas que, além da relevância pública do fato, apresentem qualidade e riqueza informacional das imagens.

   d) pela edição e finalização de todo o conteúdo que vai ao ar em um telejornal.

   e) por reproduzir os fatos da notícia em escala.

4) A notícia é produto de "critérios, operações e instrumentos com os quais os aparatos de informação enfrentam a tarefa de selecionar cotidianamente, de um número imprevisível e indefinido de acontecimentos, uma quantidade finita e tendencialmente estável de notícias" (Wolf, 2005, p. 196). Explique esse fragmento.

5) O que não faz parte do escopo de um telejornal?

   a) A notícia.

   b) A reportagem.

   c) Fofocas de celebridades.

   d) O agendamento de coberturas alinhado com o interesse social.

   e) A linha editorial do meio de comunicação.

Questões para reflexão

1) Qual é a diferença entre um programa telejornalístico e outros programas televisivos?

2) Qual é a diferença entre um programa de auditório e um *reality show*?

5

Influência do programa de televisão

Alan Marques

Conteúdos do capítulo

- Detalhes técnicos e históricos da TV.
- Espaço-tempo na grade de programação.
- Tipos e gêneros que compõem os programas televisivos.
- A importância do meio para a formação da sociedade brasileira.

Após o estudo deste capítulo, você será capaz de:

1. aprofundar-se no perfil dos programas da TV brasileira;
2. compreender como tais programas transformam a percepção de nacionalidade.

Neste capítulo, vamos nos aprofundar no conteúdo da televisão e apresentar detalhes técnicos e históricos desse importante meio de convencimento. O caminho passa pela análise do espaço-tempo característico do meio, pelos tipos de programas e pelos gêneros que dominam a grade horária.

Assim, demonstraremos como a televisão se configura para além de mero meio de comunicação, transformando a mensagem e configurando a percepção do real pela sociedade.

Examinaremos o conteúdo da grade de programas de uma emissora ou rede de televisão no intuito de deixar mais visível a importância desse meio na formação da sociedade, as modificações provocadas por ele e como o interesse comercial age de forma proativa no pensamento editorial e de programação nas emissoras de TV.

Objetivamos aqui, portanto, apresentar os vários tipos de programas, suas categorias e seus gêneros e desenhar uma linha de pensamento que revele a importância da televisão e seu impacto na formação do caráter cultural do brasileiro.

A televisão tem poder, alcança os lares brasileiros de forma quase universal e, de certa forma, transforma e modula a sociedade. É o meio de comunicação de maior alcance: 95% dos brasileiros assistem à televisão regularmente, 74% todos os dias (Brasil, 2016). A TV continua uma gigante mesmo com o crescimento da internet, que também fica atrás do rádio na lista dos meios mais utilizados.

O brasileiro ainda passa parte do dia olhando a tela da televisão para entreter-se, informar-se e ter contato com o mundo. Segundo a *Pesquisa brasileira de mídia 2016* (Brasil,

2016), o brasileiro passa, em média, 4h 32min em frente à TV durante a semana e outras 4h 14min aos finais de semana. Um crescimento de quase uma hora em relação à pesquisa de 2014, que apontava, respectivamente, 3h 29min e 3h 32min (Brasil, 2014). Ainda segundo a pesquisa de 2016, em geral, o brasileiro fica em frente à TV das 18h às 23h, no chamado *horário nobre*, que supera os outros picos de audiência, como a hora do almoço e as tardes dos finais de semana.

A mensuração do tempo de exposição aos programas de TV leva em conta gênero, idade e escolaridade. Esses recortes permitem apurar que as mulheres passam diariamente, em média, 4h 48min vendo TV e os homens, 4h 12min. Os jovens entre 16 e 25 anos assistem cerca de uma hora a menos de televisão por dia dos que as pessoas com mais de 65 anos. A televisão passa mais tempo ligada para indivíduos com escolaridade menor: aqueles que têm até a 4ª série passam 4h 47min diante do aparelho, ao passo que os espectadores com nível superior passam 3h 59min.

Outro fato relevante apontado pela pesquisa é o cresci-mento do acesso à TV por assinatura no Brasil, que já alcança 26% dos lares. A TV a cabo tem consumo considerável nos grandes centros urbanos e entre a população com maior poder aquisitivo e escolaridade. A TV parabólica é mais comum no interior do Brasil.

5.1
O tempo como medida na TV

O tempo é a régua que mede a televisão. A preocupação é encaixar todo o conteúdo produzido para o dia no espaço temporal, definindo a grade de programação (ou simplesmente programação) – que é o conjunto de programas veiculados pela rede de televisão – e a que público se destina.

Tudo na televisão é cronometrado para que caiba na estrutura de 24 horas. As falas respeitam a ampulheta que define o tamanho do conteúdo da reportagem jornalística, da novela e do desenho animado. As ilhas de edição de imagem trabalham conforme o limite de tempo, podendo, às vezes, até comprometer a narrativa lógica para manter o conteúdo dentro desse limite.

É importante destacar que o tempo nas emissoras comerciais está diretamente relacionado ao dinheiro vindo de patrocínios e publicidades. O trabalho com o tempo na televisão relaciona-se também à grade de programação e às restrições comerciais, porém, a relatividade televisiva tem foco na audiência e no retorno financeiro trazido por ela.

A noção de tempo é inerente ao ser humano, que tem a capacidade de ordenar e reconhecer os eventos percebidos pelos sentidos, mas na TV os sentidos são trabalhados de modo que possam ser modulados ou mesmo enganados pela peculiaridade da representação do real televisionado.

O caminho da percepção do tempo televisivo pode se inferido pelos sentidos, via processos psicossomáticos, em que variáveis puramente psicológicas tomam parte, possibilitando um momento de ilusão de que determinados eventos televisionados transcorrem de forma mais rápida e outros de forma lenta em um mesmo relógio. Em uma partida de futebol, por exemplo, o transcorrer do tempo pode ser diferente para o torcedor que vê seu time perdendo a partida e para o torcedor que vê seu time vencendo a mesma partida. A sensação do tempo, nesse instante televisionado, é diferente para torcedores que podem dividir o mesmo espaço-tempo em frente à TV, mas com expectativas e interesses diferentes.

5.2
Programação

Em 1950, a televisão brasileira não apresentava linguagens, categorias, formatos ou gêneros. A chegada desse meio de comunicação ao Brasil parecia mais um evento de televisionamento das produções radiofônicas já existentes misturadas a *performances* circenses com palhaços e "apresentadores" carismáticos, como Chacrinha, Silvio Santos e Bolinha. Aos poucos, os donos das redes de TV começaram a criar sua programação conforme o público-alvo definido em suas proposições comerciais. De maneira geral, a grade de programação de um canal segue o princípio de cativar a audiência, oferecendo-lhe o que ela quer, com uma programação continuada que busca desenvolver um desejo de consumo latente por mais do que é oferecido nessa grade.

O que se vê na tela da TV segue um padrão comercial de produção e de interesse segmentados. Os programas são modelados e classificados de acordo com a necessidade do mercado publicitário, e a definição do espaço adquirido tem como foco o público de interesse desse mercado. Mesmo os canais que não visam ao lucro, precisam seguir a linha editorial de quem os financia para se manterem no ar.

Há grandes corporações de comunicação que controlam o fluxo de conteúdo televisivo: Rede Globo, TV Record, SBT,

Rede Bandeirantes e TV Cultura. A Record está no ar desde 1953; o SBT tem quase três décadas de existência; a Rede Globo, a Rede Bandeirantes e a TV Cultura estão há mais de quatro décadas no ar.

A realidade contemporânea, radiografada pela Pesquisa Nacional por Amostra de Domicílios (Pnad) de 2015, apresenta a força desse veículo que está em quase todos os lares brasileiros: 99,9% da população nacional tem uma TV em casa (IBGE, citado por Brasil, 2016).

> Cada país desenvolve uma linguagem própria de televisão. Essa linguagem depende da cultura, do passado e do desenvolvimento das outras formas de comunicação social. O Brasil, embora já tivesse uma produção de filmes e uma tradição teatral antiga, não contou, pode-se dizer, com essa participação na linguagem televisiva. Ela derivou-se mais das formas de comunicação populares: o circo e o rádio. (Marcondes Filho, 1988, p. 43)

O papel das redes de televisão é informar, entreter e instruir o público. Mesmo com diferenças características em relação ao público-alvo das emissoras e suas afiliadas, é possível apontar gêneros e formatos que constroem a programação dos cinco mais importantes canais brasileiros.

5.2.1
Horizontalidade da programação

Esse conceito foi criado para definir o conjunto de programas transmitidos em uma rede de televisão. Manter uma agenda constante de atrações nas emissoras abertas é um modo de manter seu público fidelizado, pois ele acostuma-se a assistir a determinado gênero de programa em um horário fixo.

A horizontalidade da programação é o facilitador para a venda de espaço publicitário, uma vez que cria uma cadeia histórica, social e cultural perante a audiência e facilita, com essa modelagem, a construção da própria imagem da rede.

Assim, programas de determinados gêneros oferecidos em horários agendados formatam o perfil das emissoras e as tornam conhecidas pelo público. É possível fazer essa leitura em relação, por exemplo, ao SBT, que tem sua identidade ligada aos programas de auditório; à Band, ligada aos esportes; à Globo, ligada às novelas; à Record, ligada às séries; e à Cultura, ligada aos programas infantis.

Cada emissora vai adequando sua grade de programação para cativar a audiência, fortalecer sua participação no mercado e faturar mais com a venda de espaço publicitário. Mesmo essa lógica de padronização da programação demanda reflexão constante, uma vez que os avanços tecnológicos oriundos da internet e dos *smartphones*, bem como o avanço da TV digital, vão modulando o desejo da audiência por conteúdo.

5.3
Categoria e gênero

O homem, por natureza ou necessidade, é um ser que quantifica e classifica tudo ao seu redor. Para entender a realidade sensível, ele organiza suas experiências, relações e vontades em pequenos boxes mentais, buscando organizar a própria realidade; e na televisão não é diferente. Separar os programas em categorias supre o desejo do espectador de classificar o que vê na TV em gêneros correspondentes, encadeando o esforço de produção, os anseios culturais e o ardente desejo do público por entretenimento e informação.

Os programas televisivos, de modo geral, dividem-se nas seguintes categorias: entretenimento, informação, educação (os três que cobrem a maioria dos gêneros), publicidade e outros (esta última categoria engloba gêneros religiosos, especiais, eventos etc.). Os gêneros podem ser definidos como grupos de programas televisivos que se configuram por estilo, forma, proposta e aspectos peculiares.

A categoria **entretenimento** na sociedade contemporânea apresenta a informação como mercadoria de alto valor e tem seu fluxo monitorado por agentes dos mais variados setores. Essa categoria tem o maior número de gêneros: auditório, colunismo social, culinária, desenho animado, docudrama, esportes, filmes, música, *game shows* (competição), humor, infantil, interativo, novela, *quis show* (perguntas e respostas), *reality show*, revista, série brasileira, *sitcom*, *talk show*, teledramaturgia, variedades etc.

Segundo Trigo (2003, p. 21):

> existe uma intrincada rede que agrupa em um mesmo fenômeno atividades que, na origem, são diferentes (esporte, notícias, arte, educação, lazer, turismo, show-business), mas que se articulam enquanto mercadorias destinadas a um consumo específico caracterizado pelo prazer. Surge um grande e difuso espaço que pode ser denominado "entretenimento" – ou espetáculo, para usar a terminologia de Guy Debord. Ele perpassa todas essas atividades e possibilita transformar tudo, literalmente tudo, em mercadoria de consumo, das mais ordinárias e baratas até as pretensiosamente mais exclusivas, sofisticadas e caras.

A credibilidade das emissoras de televisão repousa na qualidade da **informação** que transmitem. É por meio dos departamentos de jornalismo que as redes desempenham a função de prestar serviços, instruir e orientar a população. Nessa categoria, estão elencados os gêneros ligados ao jornalismo e à transmissão de notícias: debate, documentário, entrevista e telejornal.

Programas de longa vida, como o *Jornal Nacional*, da Rede Globo, não só trazem credibilidade para a emissora, como também reformulam toda a rede de expectação nacional, na qual a notícia só passa a ter importância ou relevância se for veiculada nesse espaço.

O "lugar" do *Jornal Nacional* na programação da emissora é estratégico em relação à audiência, que já se acostumou a estar disponível para o programa naquele período, o que valoriza o espaço publicitário reservado ao jornal.

Como o lucro move as emissoras comerciais, no Brasil, os programas da categoria **educação** têm espaço firmado nas TVs sem interesse comercial, como a TV Cultura, e se apresenta em três gêneros: educativo, instrutivo e instrucional. Todos eles acrescentam algum conhecimento específico ao telespectador, seja relacionado a uma atividade, seja relacionado a uma profissão ou, até mesmo, ao ensino regular. Aqui ainda cabe a segmentação por gêneros relativos à faixa etária.

A **publicidade** é vital para a produção televisiva porque não existe uma única emissora que se sustente sem o patrocinador; mesmo as TVs educativas, que vivem com orçamento público, buscam apoio para suas produções. Ela pode ser dividida em cinco gêneros: (1) chamada, (2) filme, (3) político, (4) sorteio e (5) telecompra. O valor do espaço comercial na televisão está ligado ao prestígio do programa e à audiência, que pode ser medida tanto qualitativamente quanto quantitativamente.

A categoria **outros** acolhe gêneros marcados por sua peculiaridade, como especiais, eventos e programas religiosos. O gênero religioso é rentável para as emissoras: apesar da veiculação em horários pouco assistidos, atende ao crescimento das igrejas e a um público específico. Os programas que se encaixam na categoria outros são híbridos, singulares e podem se aproximar de mais de uma categoria.

> É importante ressaltar que os gêneros modificam-se, fundem-se e se diversificam constantemente. Essa fusão e pulverização de matrizes multigenéricas, concebidas, muitas vezes, como novas categorias e gêneros. Este processo incessante se deve à inserção do gênero em um panorama cultural e histórico e ao seu objetivo mercadológico, que o impele a satisfazer o desejo das audiências. [...] O gênero não é, portanto, uma estrutura estática ou fixa, mas sim em constante evolução. (Bernardes; Caparelli; Silva, citados por Sousa, 2004, p. 162)

A realização de programas sobre eventos, por exemplo, depende das oportunidades visualizadas pelas emissoras de transformar esses eventos em programas. Uma Copa do Mundo de Futebol, por exemplo, é um evento de alcance mundial, que gera vários produtos na programação das emissoras nas categorias entretenimento e informação.

5.4
Escopo do folhetim

Como já vimos, a novela tem papel importante no Brasil e, mais pelo impacto social do que pela relação comercial, estaria para o Brasil, na formação de estratos culturais, como o cinema está para os Estados Unidos. Sempre é bom recordar que as telenovelas brasileiras são originárias das radionovelas – grande sucesso da fase anterior à chegada da TV ao país (entre 1940 e 1950). Com o surgimento da televisão como meio de comunicação e, mais tarde, com sua consagração como o mais importante meio de veiculação de conteúdo, as radionovelas decaíram até desaparecerem no fim dos anos 1970.

Uma das características das telenovelas brasileiras é a problematização do dia a dia do cidadão comum ou a exposição dos problemas sociais. Não se trata, no entanto, de um espaço de grande aprofundamento de temas controversos, uma vez que a superficialidade impera, não há debate e a visão apresentada é unidimensional.

A novela televisionada, portanto, é um produto cultural de massa de enorme influência na sociedade nacional, pois aborda temas importantes – ainda que superficialmente – presentes nas vidas das pessoas, levando-as a refletir. Como a televisão é o maior e mais penetrante meio de comunicação no Brasil, as novelas têm *status* forte como produto econômico de consumo imediato e atual. Os investimentos na produção dos folhetins giram na casa dos milhões de reais e as produções crescem conforme o aumento da audiência das redes televisivas. Nesse contexto, é fácil entender por que as novelas ocupam pelo menos três horários nobres da maior rede de televisão do país e por que as outras emissoras reservam parte de seu capital para investir no formato.

As novelas estimulam a padronização do consumo, fazendo o telespectador direcionar seus desejos para roupas, produtos e artigos dos mais variados valores mostrados durante a encenação novelesca. As telenovelas extrapolam a forma destinada ao entretenimento porque podem mudar o modo como o cidadão se relaciona com determinados temas, pressionando comportamentos e rotina de audiência.

Outro fator relevante desse produto televisivo é o reconhecimento das telenovelas brasileiras como produtos audiovisuais de exportação, que disputam mercado mundial com produtos similares realizados no México e nos Estados Unidos. O sucesso vem da qualidade imposta por padrões, como os exigidos pela Rede Globo, de talento e de carisma dos atores. A obra *Avenida Brasil*, de João Emanuel Carneiro, foi dublada em mais de 14 línguas e vendida para 130 países; *Da cor do pecado*, escrita pelo mesmo autor, foi vendida para mais de 100 países; *Escrava Isaura*, de Gilberto Braga, fez muito sucesso na China na década de 1970.

Confira a seguir algumas novelas marcantes na história da televisão brasileira. Leve em consideração seu poder de modular o imaginário brasileiro pela qualidade do roteiro e pela adequação ao contexto da sociedade da época.

Beto Rockfeller, de Bráulio Pedroso (1968-1969)

Exibida pela Rede Tupi entre 1968 e 69, [...] acompanhava a vida dupla de Beto (Luis Gustavo), um dos primeiros anti-heróis da TV brasileira. O malandro se divide entre o cotidiano de vendedor de sapatos e a identidade de Beto Rockfeller, um ricaço que se infiltra na high society paulistana através de uma namorada rica.

Fonte: As melhores…, 2016.

O primeiro amor, de Walter Negrão (1972)

O elenco de *O Primeiro Amor* sofreu um duro golpe no dia 18 de agosto de 1972, a apenas 28 capítulos do final da novela: Sérgio Cardoso, o protagonista da novela, faleceu vítima de um ataque cardíaco. A morte do ator gerou comoção nacional. Para substituí-lo, foi convocado Leonardo Villar. Sua primeira cena foi ao ar no capítulo 200, com uma singela homenagem a Sérgio Cardoso. A imagem no vídeo foi congelada após o ator deixar um aposento.

Fonte: O primeiro…, 2020.

Os capítulos de *O primeiro amor* se perderam no incêndio da TV Globo do Rio de Janeiro em 1976, restando apenas as chamadas da novela.

O Casarão, de Lauro César Muniz (1976)

O folhetim […] é considerado um ousado passo na narrativa de telenovelas. O casarão do título é o microcosmo onde se passa a trama, dividida em três épocas distintas, perpassando cinco gerações de uma família do interior de São Paulo. As fases eram apresentadas de forma simultânea com atores diferentes dividindo o mesmo papel, dependendo da época. Carolina (Sandra Barsotti) e João Maciel (Gracindo Jr.) formavam o casal principal.

Fonte: As melhores…, 2016.

O Rebu, de Bráulio Pedroso (1974-1975)

A novela [...] inovou ao apresentar uma trama, dividida em 112 capítulos, toda ambientada em apenas 24 horas. Durante uma festa, organizada pelo banqueiro Conrad Mahler (Ziembinski), um misterioso assassinato acontece. Todos os presentes são suspeitos. Ao longo dos episódios, *flashbacks* e a investigação da polícia preenchem a história.

Fonte: As melhores..., 2016.

Que rei sou eu?, de Cassiano Gabus Mendes (1989)

Exibido em 1989, na Globo, o folhetim fazia uma alusão à Revolução Francesa em forma de paródia do Brasil. Ambientada no século XVIII, em um país europeu fictício, a trama [...] acompanhava a luta do bastardo Jean Pierre (Edson Celulari) pelo trono que ele deveria ter herdado. Porém, o mendigo Pichot (Tato Gabus Mendes) ganhou a honraria em seu lugar.

Fonte: As melhores..., 2016.

Pantanal, de Benedito Ruy Barbosa (1990)

Diferenças culturais e sociais, além de um fundo folclórico, fizeram de Pantanal um dos produtos mais relevantes produzidos pela extinta Rede Manchete. De Benedito Ruy Barbosa, o folhetim exibido em 1990 acompanha a história da família de Zé Leôncio (Cláudio Marzo), um peão de comitiva que faz fortuna e se casa com uma dondoca da cidade grande. Ela não se acostuma com a vida rural e foge com o filho do casal. Vinte anos depois, o herdeiro (Marcos Winter) retorna e se apaixona pela selvagem Juma Marruá (Cristiana Oliveira).

Fonte: As melhores..., 2016.

> **Verdades secretas**, de Walcyr Carrasco e Maria Elisa Berredo (2015)
>
> A novela da Globo, exibida na faixa das 23h, em 2015, alcançou bons índices de audiência e revelou a estreante Camila Queiroz – além de dar à Grazi Massafera um papel que lhe renderia uma indicação ao Emmy. Camila interpreta Angel, uma aspirante a modelo que descobre um submundo de prostituição por trás de agências de talento.

Fonte: As melhores..., 2016.

A telenovela da TV Globo *Verdades Secretas* (2015) usou parte do argumento da minissérie *Sex Appeal* (1993) ao trazer para o telespectador a temática do mundo da moda. O enredo aborda temas como o ambiente competitivo das agências de modelo, o uso de drogas, os remédios emagrecedores e a prostituição de luxo, chamada de *Book Rosa*. A trama contou com 64 capítulos.

5.5
Escopo dos telejornais

A televisão brasileira tem considerável relevância no fornecimento de notícias à sociedade, por isso fazer uma observação crítica sobre telejornais e programas jornalísticos é essencial para qualquer estudo sobre o tema.

Segundo a *Pesquisa brasileira de mídia 2014* (Brasil, 2014), o telejornalismo teve a atenção de 77,5% dos 18.312 entrevistados e é ponto relevante do hábito de consumo de mídia da população brasileira. Considerando a relação de proporcionalidade, dos mais de 200 milhões de brasileiros, cerca de 196 milhões teriam a TV como principal fonte de informação. Ainda segundo a pesquisa, 157 milhões de pessoas recorrem regularmente aos programas noticiosos da TV para se informar.

Realizada em 848 municípios e no Distrito Federal, a pesquisa revelou que 45% da audiência dos telejornais (71 milhões de pessoas) é do *Jornal Nacional*, da Rede Globo, e 16% (25 milhões de pessoas) do *Jornal da Record*, da TV Record. Os dois telejornais têm audiência de quase a metade da população brasileira (97 milhões de pessoas); 48% da população nacional depende apenas desses dois telejornais para formatar a imagem de sua região, do Brasil e do resto do mundo (Brasil, 2014). O estudo concluiu que há alta concentração de fluxo de informação e que isso pode reduzir a diversidade de abordagem dos temas relevantes para a sociedade e causar miopia em relação aos problemas políticos e sociais de um país com as dimensões continentais do Brasil.

Conforme é possível perceber, a modulagem do caráter, das dúvidas e da cognição do brasileiro depende circunstancialmente do que ele vê nos dois maiores telejornais brasileiros: *Jornal Nacional* e *Jornal da Record*. Cada uma das notícias recebidas pelo espectador provoca reflexão pessoal e coletiva, transformando e reformulando seu modo de ser e sua visão da realidade do bairro, da cidade, do país e da complexidade sociocultural do planeta.

Há ligação entre a responsabilidade pelo conteúdo apresentado pelos telejornais, a linha editorial produtiva, as escolhas dos temas jornalísticos e o fator econômico/comercial que impulsiona as emissoras de TV. Como destacamos, os números da *Pesquisa brasileira de mídia 2014* apontam a concentração de discurso jornalístico e isso interfere no que o telespectador brasileiro vê: pouca diversidade e estreitamento da visão sobre os problemas da nação.

A crítica que se pode desenhar para os telejornais é que suas edições focam muito na economicidade (desempenho comercial) da empresa, movendo-se na direção da procura pela audiência e pela valorização do tempo televisivo para os intervalos publicitários, o que deixa em um plano distante os temas comunitários ou estritamente regionais.

Imagens do Dia foi o primeiro telejornal brasileiro, indo ao ar diariamente de 19 de setembro de 1950 até 1953 pela TV Tupi, sob o comando de Mauricio Loureiro. Mostrava a agenda do dia sem cortes e edições em razão da peculiaridade técnica da época. Vale lembrar que o rádio tinha grande força no primórdio dos telejornais, por isso as notícias veiculadas neles eram espelho da *performance* do rádio e lidas pelo apresentador. Além disso, como não existia grade de programação com horários fixos, a notícia era transmitida na íntegra.

Outra peculiaridade do começo da TV foi que vários programas de rádio foram importados para a telinha, como o programa de notícias *Repórter Esso* – que foi ao ar em 1º de abril de 1952. O *Bom dia São Paulo*, programa de jornalismo da Rede Globo de 1977, inovou o telejornalismo ao colocar repórteres ao vivo de vários cantos da cidade. Em 1990, a Rede Globo inovou mais uma vez ao dar início aos telejornais locais e investigativos.

O telejornal tem como objetivo difundir informação e transmitir notícias relativas ao cotidiano – trânsito, tempo, política, economia etc. Seu desafio é unir qualidade e veracidade com velocidade de veiculação, uma vez que, por ser o maior meio de comunicação em massa, está presente em quase todas as casas brasileiras – como vimos, grande parcela da população se informa apenas pelo telejornal – e pode passar a notícia em tempo real.

5.5.1

Jornal Nacional

O *Jornal Nacional* é marco nacional porque foi o primeiro programa em cadeia nacional gerado no Rio de Janeiro em 1969. Sua primeira edição foi ao ar nas vozes de Cid Moreira e Hilton Gomes. Moreira abriu sua fala daquela noite com "O Jornal Nacional, da Rede Globo, um serviço de notícias integrando o Brasil novo, inaugura-se neste momento: imagem e som de todo o país [...] É o Brasil ao vivo aí na sua casa. Boa noite" (Confira..., 2010).

A história do *Jornal Nacional*[1] pode ser apresentada em uma linha do tempo que mistura os fatos de maior relevância jornalística de época e inovações tecnológicas ou metodológicas.

1977 – Primeira transmissão ao vivo, com a estreia de equipamentos portáteis de geração de imagens.

---

1 Para conhecer a história completa do *Jornal Nacional*, acesse:
CONFIRA a história do JN. **G1**, Rio de Janeiro, ano 85, 12 abr. 2010. Jornal Nacional. Disponível em: <http://g1.globo.com/jornal-nacional/noticia/2010/04/confira-historia-do-jn.html>. Acesso em: 18 mar. 2020.

1991 – O JN transmite, pela primeira vez na história, uma guerra ao vivo: a Guerra do Golfo.

1994 – Primeira cobertura de Copa do Mundo ao vivo do país-sede (no caso, os Estados Unidos).

2007 – O JN cobre a visita do Papa Bento XVI, com Fátima Bernardes apresentando o telejornal diretamente dos locais visitados pelo pontífice.

2011 – O JN recebe o Emmy pela cobertura da retomada policial do Complexo do Alemão.

Fonte: Elaborado com base em Confira..., 2010.

Síntese

Neste capítulo, abordamos a televisão, que ainda é o mais poderoso meio de comunicação contemporâneo, pois alcança os lares brasileiros de forma quase universal e, de certa forma, transforma e modula a sociedade. Vimos que o brasileiro passa boa parte de seu dia olhando para a tela da televisão, a fim de entreter-se, informar-se e ter contato com o mundo.

Para saber mais

G1. **Jornal Nacional 50 anos**. Disponível em: <https://g1.globo.com/jornal-nacional/50-anos/>. Acesso em: 19 mar. 2020.

O portal de notícias G1 fez uma série especial sobre os 50 anos do *Jornal Nacional* e as revoluções provocadas pela comunicação, pela educação e pelas mudanças no cenários social e cultural do Brasil e do mundo. Os temas abordados fazem parte dos arquivos do jornal eletrônico.

Questões para revisão

1) Qual é a influência da televisão na formação do caráter nacional?

2) Qual é a principal característica das novelas brasileiras?

3) Dos itens a seguir, qual **não** está entre os gêneros da TV brasileira?
   a) Novela.
   b) Programa de auditório.
   c) Telejornal.
   d) Telequete.
   e) *Reality show*.

4) É correto afirmar que a estrutura básica de uma notícia para TV não apresenta:
   a) *offs*.
   b) sonoras.
   c) recursos audiovisuais.
   d) receitas culinárias.
   e) propaganda.

5) Por ser uma mídia imagética por excelência, o telejornalismo requer:
   a) sobreposição do texto do repórter ao vídeo.
   b) edição de vídeo.
   c) planejamento de cobertura com cinegrafista.
   d) produção de sonoras para rádio.
   e) planejamento gráfico.

Questões para reflexão

1) Qual é o papel da televisão no Brasil?

2) Qual é a importância do *Jornal Nacional*?

6

Produção audiovisual: direção, produção, edição e apresentação

Alan Marques

Conteúdos do capítulo

- Perspectiva técnica e conceitual da produção do audiovisual.
- A complexidade da produção para o vídeo.
- O impacto dos produtos audiovisuais.
- A força do audiovisual na formação da sociedade e no desenvolvimento cultural.

Após o estudo deste capítulo, você será capaz de:

1. entender a complexidade da produção audiovisual;
2. debater sobre o impacto dos produtos audiovisuais na formação da sociedade e no desenvolvimento cultural.

Este capítulo aborda tanto a perspectiva técnica quanto a conceitual da produção do audiovisual. O objetivo é possibilitar a você, leitor, o entendimento da complexidade da produção e a elaboração de um raciocínio mais complexo e profundo sobre o impacto dos produtos audiovisuais na formação da sociedade e no desenvolvimento cultural.

Assim, abordaremos os motivos que movem a humanidade a se comunicar e como o acumulado de conhecimento e as mudanças tecnológicas transformaram o processo de comunicação até o meio audiovisual. Além disso, serão apresentados em detalhes o pensamento de narrativa audiovisual e as características de cada uma das funções dos profissionais envolvidos na produção que soma imagem e som.

6.1
Por que comunicar?

Comunicar é tornar comum, acessível. É um ato de fragmentação do real sensível e de multiplicação da interpretação desse fragmento para dividir determinado conhecimento e partilhá-lo com a comunidade, aumentando seu alcance entre as pessoas. O ato se relaciona também aos objetivos básicos de perpetuar e informar, ao ímpeto do homem de deixar sua marca, sua presença, o registro de algo feito por ele ou a expressão de seus sentimentos.

Para deixar sua marca na história, o homem trabalha com registros. Em Carnaúba das Antas, no árido do Seridó do Rio Grande do Norte, há 10 mil anos, acontecia um dos primeiros registros brasileiros no formato de pintura rupestre. O ser primitivo deixou na pedra sua interpretação e sua comunicação de um evento rotineiro, de seu sentimento, para informar, controlar e perpetuar um cotidiano e uma existência antes mesmo do surgimento da escrita.

Ler as figuras rupestres é um exercício elaborado de análise da comunicação visual em uma realidade sem registro escrito. Os códigos firmados pelas tintas na superfície de pedra permitem várias interpretações vigorosas e vão permanecer misteriosos para os pesquisadores. Há, no entanto, um poder informativo quase mágico nessas pinturas, que transporta o espectador para o local de fala de um homem que já não mais existe, apresentando informações de uma época anterior à escrita e comunicando visualmente a vontade de expressão de um homem menos real que sua obra.

Ao seguirmos com este capítulo, vamos enfrentar a pergunta elaborada por Flusser (2017) em seu livro *O mundo codificado: por uma filosofia do design e da comunicação*: O que é comunicação?

O próprio Flusser (2017) apresentou na obra os seguintes pontos de apoio para a reflexão:

- é aquisição e armazenamento de informação;
- é troca de informações para sintetizar uma nova informação;
- a linguagem audiovisual é objeto de comunicação dialógica porque a audiência se torna participante no processo;
- o repertório do autor chega à audiência por meio de sua obra;
- "a participação ativa" da audiência está ligada ao processo de diálogo, que se configura na modulação de novas

informações e tem a finalidade de enriquecer o repertório de referências e aumentar o domínio da linguagem.

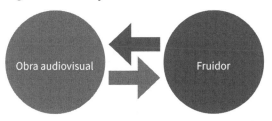

Figura 6.1 A relação entre o audiovisual e o fruidor

Qualquer obra audiovisual é comunicação, pois está relacionada à necessidade do homem de exercer seu papel de influenciador, fruidor e modulador de si e da audiência. Quando os campos se tocam, eles se transformam e se realimentam em um caminho que passa pela cultura e pela educação até chegar à mídia, no qual o ser humano obtém, de forma inicial e básica, o conhecimento de como e por que determinada obra foi realizada e como se dará seu processo comunicativo.

A sincronização do som e da imagem transcende o ato de captura e se configura em uma comunicação que vai além da soma dos meios de comunicação. A obra ou o produto de comunicação vai muito além da soma de elementos de registro, tratamento e exibição do resultado das ferramentas de captura do áudio e da representação imagética. O processo de utilização dessa linguagem gera significados que, mesmo oriundos de combinação das tecnologias de comunicação, direção, edição e apresentação, vão além da impressão do movimento e do sincronismo do som.

O mundo capturado transforma-se em mundo interpretado, que será descodificado pela audiência.

É possível categorizar o resultado do uso das ferramentas do audiovisual de acordo com a **abrangência** e o **formato**.

Abrangência

- Cinema ficcional e documental na televisão aberta ou fechada
- Vídeo analógico e digital
- Alta e baixa definição
- Videoarte
- Cinema experimental
- Animação tradicional
- Animação computadorizada

Formato

- Comercial
- Publicidade
- Videoclipe
- Propagandas políticas
- *Videogame*
- *Making of*
- Transmissão ao vivo em circuito fechado
- Vídeos para internet
- Vídeos em telefones móveis etc.

Tanto os gêneros quanto os formatos, que já foram tão distintos, passam pelo processo de convergência possibilitado pelas tecnologias e pelos avanços das ferramentas digitais e de dispersão de conteúdo em meio fluidos, como a internet. Assim, os campos distintos de idealização, pré-produção e produção de imagens em movimento aproximam-se, em especial no cinema e na televisão. Logo, o termo *audiovisual* é um conceito abrangente que envolve vários campos.

Para além do contexto comercial, é possível observar cada vez mais o uso do audiovisual em transformações culturais e sociopolíticas. Nesses casos, a abordagem passa pelo fortalecimento da cidadania, com uma maior participação na elaboração de produtos multimidiáticos que se aproximam da expressão da realidade sensível vivenciada pelo cidadão. A facilidade de acesso aos meios de produção audiovisual possibilitou a descentralização da produção e, com o advento da internet e dos telefones móveis, as plataformas de consumo desses produtos se estenderam pelos segmentos sociais, cruzando as barreiras nacionais.

É impossível abordar esse raciocínio sem apontar o caminho, quase natural, de procura pela simplicidade e pela multiplicidade de recursos. As máquinas fotográficas digitais e os telefones móveis – estes de maneira mais enfática – são ferramentas facilitadoras do registro do real sensível que deixaram para trás ferramentas problemáticas, como filmes, negativos e fitas VHS, e a limitação de espaços de exibição, possibilitando um novo modo de pensar o audiovisual, quase sem limites de recursos e com alcance planetário.

A ampliação das manifestações artísticas, dos anseios, dos desejos e reinvindicações das mais diversas classes rompem o sistema de comunicação tradicional para lançar a voz do bairro e do vizinho ou a latência artística que bate no peito de todo ser humano para os olhos de cada habitante do globo terrestre.

6.2
A arte e o caminho para o audiovisual

A palavra *arte* está relacionada à criatividade e à percepção do processo prático da realização. Sua raiz latina, *ars*, dá origem também ao verbo *articular*, que é o mesmo que *juntar* e *reunir* partes. Assim, "arte é qualquer trabalho que associe vários elementos de forma nova e criativa, supondo a criação de sensações e de estados de espírito de caráter estético, carregados de vivência pessoal. O trabalho humano é arte porque cria algo novo" (Alvarez; Barraca, 1997, p. 11).

A arte tem, portanto, relação direta com o trabalho, a história e a criatividade humana. A divisão do trabalho em Roma, por exemplo, apresentava de forma clara essa congruência: as **artes liberais** englobavam as profissões dos homens livres, como músicos, poetas e médicos; e os **ofícios** designavam os trabalhos dos escravos, dos quais os **artesãos** eram os mais habilidosos e criativos.

A interpretação da representação da arte por meio de formas sensoriais depende de associações subjetivas e definições intuitivas. A linguagem audiovisual é representação conceitual e verbal que se configura de maneira organizada e difundida por meio da sistematização de elementos que visam apresentar algo ou transmitir um conceito. Assim, os códigos apresentados na linguagem audiovisual permitem a denotação, ao remeter ao real sensível, e a conotação, ao evocar a percepção e a interpretação.

O audiovisual é uma linguagem que se forma pela sistematização de signos desenvolvidos em razão de encadeamentos comunicativos com o objetivo de **ser** a representação, por meio do som (áudio) e da escrita visual (vídeo), do real idealizado. Há possibilidade de alojar a obra como arte quando o autor se apropria do meio e de suas possibilidades de modulação, de certa forma como intersecção, objeto de comunicação informativa. A obra formada pelo áudio e pela imagem se reproduz como arte e informação.

Figura 6.2 Fluxograma: a entrada do processo com a possibilidade de associar a disponibilidade de mídias como detentoras das informações no formato de som e imagem

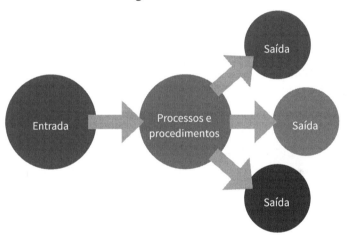

O fluxograma apresentado na Figura 6.2 foi elaborado para possibilitar a compreensão do processo de associação da informação no formato de som e imagem pelos meios que vão divulgá-las. Os **processos e procedimentos** são articulações baseadas na ideia do projeto, na transformação dos elementos, no ser criativo e no caráter intelectual. As **saídas**

configuram-se conforme as características próprias de cada um dos meios.

O resultado de uma ação comunicacional depende de como os processos e procedimentos são elaborados. A inserção da informação, com importação e alimentação do sistema, e a finalização, com o processamento dos dados na exportação, dependem dos meios de publicação, divulgação e dispersão do produto final. Isso porque os meios transformam os formatos originais, configuram a linguagem e aumentam as possibilidades de modulação e interpretação da obra audiovisual.

O objetivo do raciocínio apresentado aqui é fortalecer a visão de que todo o ciclo produtivo do audiovisual depende da definição de onde e como será exibido, somada aos critérios de processos e procedimentos e à determinação de suas caraterísticas.

6.3
O que é audiovisual?

A resposta é simples: é meio de expressão. É possível avançar afirmando que esse meio utiliza a contemporaneidade tecnológica de sua época, com convergência entre os componentes visuais, no formato de signos, imagens, desenhos e gráficos, e os componentes sonoros, no formato de voz, música, ruído, efeitos onomatopeicos etc.

A produção audiovisual pode ser classificada em:

- **Animação**: processo no qual fotograma por fotograma é individualmente capturado para ser colocado em uma sequência simuladora do movimento. Sua produção pode ocorrer por computação gráfica, por filme digital ou não, imagem desenhada, *clay motion* ou *stop motion*.
- **Cinema**: consiste na técnica de projetar fotogramas em determinada velocidade para criar a impressão de movimento. É a arte que tem como escopo a interpretação do mundo sensível pela ficção ou documentação.
- **Televisão**: ferramenta eletrônica de transmissão de som e imagem de forma instantânea. Processo criativo de elaboração de um vídeo (do latim "eu vejo") que processa os sinais eletrônicos e digitais para representação de uma realidade com imagens em movimento.
- **Videoarte**: criação de narrativas das artes plásticas que não se ancora no mundo visível porque traz à superfície o eu sensível do artista-autor.

O som é uma peculiaridade originária do contexto do rádio. Todos os processos de sonoplastia usados nas transmissões radiofônicas foram atualizados para a engenharia de construção de ambiente sonoro na solidificação da narrativa audiovisual.

O campo de atuação do audiovisual é amplo e envolve os desafios tecnológicos enfrentados por comunicadores contemporâneos que precisam usar recursos apropriados para que a mensagem chegue sem (ou com o mínimo de) ruídos ao receptor.

6.4
Profissionais envolvidos

A produção audiovisual é essencialmente coletiva, e as tarefas devem ser claras e ter objetivos definidos. São inúmeras funções, cada uma delas responsável por determinada atuação que atende a uma necessidade do contexto específico. Confira algumas funções básicas a seguir, de acordo com Salles (2008).

- **Diretor**: é o realizador, o artista que usa o audiovisual como meio de expressão e assume responsabilidade pelo projeto. É um criador que lida com "um conjunto de artes que confluem para uma resultante de imagens, e por isso deve atentar para itens relacionados à filosofia da arte e teorias da estética" (Salles, 2008).
- **Produtor**: pode ser quem financia o filme, escolhe os roteiros, os artistas ou mesmo o diretor. É quem entra em contato com locadores de equipamentos, laboratórios, locações, atores e equipe técnica.
- **Diretor de fotografia**: é o responsável pela imagem de um filme. Cabe a ele o resultado estético no que diz respeito à imagem captada e projetada e à preocupação com o *design* da luz do filme.
- **Arte**: equipe que trabalha principalmente na elaboração de cenários e na preparação de locações. Também é responsável pelo figurino.
- **Técnico de som**: constrói a arquitetura sonora da obra audiovisual, que compõe o ambiente do projeto.
- **Profissional responsável pela montagem e pela finalização**: é quem ordena os planos filmados de tal maneira que formem um contínuo de ações que produza sentido.

É um trabalho que estabelece o ritmo e a harmonia entre os cortes de cada plano, de modo que as mudanças fiquem naturais e não sejam percebidas.

O foco de atuação do profissional de audiovisual é criar projetos, coordenar, dirigir, produzir, roteirizar, editar imagens ou sons, cuidar da fotografia (definindo iluminação e ângulos) de produção voltada a filmes, programas de rádio e/ou televisão. O estudioso da área se aprofunda em comunicação social para aplicar o conhecimento em agências de publicidade, produtoras de cinema, emissoras de rádio e televisão, produzindo desde novelas até material de apoio para empresas e órgãos do governo.

Com o avanço das mídias digitais, a internet e os *smartphones* se tornaram campos de ação dos profissionais oriundos dos meios eletrônicos, impressos e radiofônicos, que não se limitam em atuar apenas em uma mídia. A convergência de mídias acontece nos aplicativos de celular e na internet.

Síntese

Neste capítulo, tratamos do audiovisual como forma de tornar algo comum e acessível, indicando que se trata de um ato de fragmentação do real sensível e de uma multiplicação da interpretação desse fragmento para dividir determinado conhecimento e partilhá-lo com a comunidade, aumentando seu alcance entre as pessoas. O ato se relaciona também com os objetivos básicos de perpetuar e informar, o ímpeto do homem de deixar sua marca, sua presença, o registro de algo feito por ele ou a expressão de seus sentimentos.

Para saber mais

MULTICULTURA. **Uma conversa sobre documentários**: dos irmãos Lumière a Eduardo Coutinho. Disponível em: <https://www.youtube.com/watch?v=14K9jOG0H_Y>. Acesso em: 19 mar. 2020.

No vídeo sugerido, o cineasta Eduardo Ramos se pergunta se é possível retratar o real no documentário e levanta questões sobre como a narrativa desse gênero pode conscientizar a sociedade.

Questões para revisão

1) O que é o audiovisual?

2) Qual é o papel da produção que soma som e imagem?

3) Qual das funções a seguir **não** faz parte da produção audiovisual?
   a) Diretor.
   b) Editor.
   c) Continuista.
   d) Fotógrafo.
   e) Coreógrafo.

4) O diretor de fotografia **não** é responsável:
   a) pela imagem de um filme.
   b) pela estética do filme.
   c) pela imagem captada e projetada no cinema.
   d) pelo *design* da luz do filme.
   e) pela qualidade sonora do filme.

5) Das funções apresentadas a seguir, qual **não** é responsabilidade do técnico de som?
   a) Construir a arquitetura sonora da obra audiovisual.
   b) Compor o ambiente sonoro do projeto.
   c) A qualidade sonora.
   d) Tocar a música ambiente durante as gravações.
   e) Capturar o som durante a gravação.

Questões para reflexão

1) Como podemos classificar a produção audiovisual?
2) O que é comunicação no audiovisual?

Considerações finais

Traçamos uma narrativa histórica e técnica sobre o ambiente nacional que permitiu ao rádio e à televisão nascer e se desenvolver. A linguagem, a cultura e as transformações tecnológicas fizeram com que ambos os veículos se recriassem década após década.

Em um caráter acumulativo de conhecimento, vimos a convergência de tecnologias e ferramentas para a reconfiguração da comunicação sonora e visual no campo do audiovisual.

Muito se discutiu e ainda se discute sobre a permanência do jornal impresso, e hoje ainda há a discussão sobre o futuro do rádio e da televisão. Assim, nesta obra, apresentamos a transformação não só plástica, mas também de conteúdo de cada um dos meios. O rádio está cada vez mais segmentado e presente. A TV, mesmo disputando espaço com canais *on demand*, segue imponente.

Esta obra é um apanhado de como a comunicação audiovisual tem se modificado, passando de protagonista a coadjuvante nas famílias brasileiras. Nosso objetivo era apresentar, de maneira simples e acessível, os meios de comunicação moduladores do caráter nacional, que, de certa forma, foram reflexo do perfil social do brasileiro.

Além disso, nossa missão foi proporcionar uma viagem pelas histórias e pelos conceitos relacionados ao audiovisual e à sua importância na contemporaneidade.

Por fim, fica a mensagem de que o homem precisa se comunicar para se perpetuar e se informar e que ele tem a intenção clara de usar os meios midiáticos mais fortes para deixar sua marca, sua presença, seu registro e dar vazão à sua vontade de expressar sentimentos sobre a própria existência – sem esquecer, no entanto, os meios que o trouxeram até aqui.

Referências

ABERT – Associação Brasileira de Emissoras de Rádio e Televisão. **Código de Ética da Radiodifusão Brasileira**. Disponível em: <http://www.soleis.adv.br/codigoeticadaradiodifusaobrasileira.htm>. Acesso em: 20 mar. 2020.

ABERT – Associação Brasileira de Emissoras de Rádio e Televisão. **O crescimento socioeconômico do Brasil e a radiodifusão**. 6 nov. 2013. Disponível em: <https://www.abert.org.br/web/index.php/dados-do-setor/estatisticas/radiodifusao-socioeconomico>. Acesso em: 5 fev. 2020.

ABERJE – Associação Brasileira de Comunicação Empresarial. Disponível em: <http://www.aberje.com.br/>. Acesso em: 20 mar. 2020.

ABREU, J. B. Estética do imaginário. In: CONGRESSO BRASILEIRO DE CIÊNCIAS DA COMUNICAÇÃO, 37., 2014, Foz do Iguaçu. **Anais**... São Paulo: Intercom, 2014. Disponível em: <http://www.intercom.org.br/papers/nacionais/2014/resumos/R9-2481-2.pdf>. Acesso em: 12 fev. 2020.

ALSINA, M. R. **A construção da notícia**. Petrópolis: Vozes, 2009.

ALVAREZ D.; BARRACA, R. **Introdução a comunicação e artes**. São Paulo: Senac, 1997. (Coleção Comunicação Arte).

ANTÓN, E. R. **Producción radiofónica**. Madrid: Cátedra, 2005.

ARAÚJO, I. **Cinema**: o mundo em movimento. São Paulo: Scipione, 1995.

ARBEX JÚNIOR, J. **Showrnalismo**: a notícia como espetáculo. 2. ed. São Paulo: Casa Amarela, 2002.

AS MELHORES novelas da TV brasileira. **Veja**, 21 out. 2016. Disponível em: <https://veja.abril.com.br/entretenimento/as-melhores-novelas-da-tv-brasileira/>. Acesso em: 18 mar. 2020.

BAKHTIN, M. **Speech Genres and other Essays**. Austin: UT Press, 1986.

BALSEBRE, A. A linguagem radiofônica. In: MEDITSCH, E. (Org.). **Teorias do rádio**: textos e contextos. Florianópolis: Insular, 2005. v. 1. p. 326-335.

BARBEIRO, H.; LIMA, P. R. de. **Manual de radiojornalismo**: produção, ética e internet. Rio de Janeiro: Elsevier, 2003.

BARBOSA FILHO, A. **Gêneros radiofônicos**: os formatos e os programas em áudio. São Paulo: Paulinas, 2003.

BARBOZA, A. M. **Imprensa histérica, informação prejudicada**: uma análise da cobertura carioca no 11 de setembro. Rio de Janeiro: Armazém Digital, 2005.

BELTRÃO, L. **Teoria e prática do jornalismo**. Adamantina: FAI; São Bernardo do Campo: Cátedra Unesco/Metodista de Comunicação para o Desenvolvimento Regional, 2006.

BENTO, M. E. R. N.; BRITO, M. S. de. Corpo e voz, uma preparação integrada. **O percevejo**, Rio de Janeiro, v. 1, n. 2, 2009. Disponível em: <http://www.seer.unirio.br/index.php/opercevejoonline/article/view/531>. Acesso em: 12 fev. 2020.

BHATIA, V. K. Applied Genre Analysis: Analytical Advances and Pedagogical Procedures. In: JOHNS, A. M (Ed.). **Genre in the Classroom**: Multiple Perspectives. Mahwah: LEA, 2001. p. 279-283.

BISTANE, L.; BACELLAR, L. **Jornalismo de TV**. 2. ed. São Paulo: Contexto, 2006. (Coleção Comunicação).

BOURDIEU, P. **Sobre a televisão**. Rio de Janeiro: J. Zahar, 1997.

BRAGA, A. McLuhan entre conceitos e aforismos. **Alceu**, v. 12, n. 24, p. 48-55, jan./jun. 2012. Disponível em: <https://edisciplinas.usp.br/pluginfile.php/270809/mod_resource/content/1/BRAGA%20McLuhan%20Entre%20conceitos%20e%20aforismos.pdf>. Acesso em: 16 abr. 2020.

BRASIL. Constituição (1988). **Diário Oficial da União**, Brasília, DF, 5 out. 1988.

BRASIL. Decreto n. 21.111, de 1º de março de 1932. **Diário Oficial da União**, Rio de Janeiro, Poder Executivo, 4 mar. 1932. Disponível em: <https://www2.camara.leg.br/legin/fed/decret/1930-1939/decreto-21111-1-marco-1932-498282-publicacaooriginal-81840-pe.html>. Acesso em: 5 fev. 2020.

BRASIL. Decreto n. 52.795, de 31 de outubro de 1963. **Diário Oficial da União**, Brasília, DF, Poder Executivo, 12 nov. 1963. Disponível em: <http://www.planalto.gov.br/ccivil_03/decreto/Antigos/D52795.htm>. Acesso em: 10 fev. 2020.

BRASIL. Decreto n. 88.067, de 26 de janeiro de 1983. **Diário Oficial da União**, Brasília, DF, Poder Executivo, 28 jan. 1983. Disponível em: <http://www.planalto.gov.br/ccivil_03/decreto/Antigos/D88067.htm#art1>. Acesso em: 10 fev. 2020.

BRASIL. Lei n. 4.117, de 27 de agosto de 1962. **Diário Oficial da União**, Poder Legislativo, Brasília, DF, 17 dez. 1962. Disponível em: <http://www.planalto.gov.br/ccivil_03/leis/L4117.htm>. Acesso em: 5 fev. 2020.

BRASIL. Lei n. 9.610, de 19 de fevereiro de 1998. **Diário Oficial da União**, Poder Legislativo, Brasília, DF, 20 fev. 1998a. Disponível em: <http://www.planalto.gov.br/ccivil_03/leis/L9610.htm>. Acesso em: 12 fev. 2020.

BRASIL. Lei n. 9.612, de 19 de fevereiro de 1998. **Diário Oficial da União**, Brasília, DF, Poder Legislativo, Brasília, DF, 20 fev. 1998b. Disponível em: <http://www.planalto.gov.br/ccivil_03/leis/L9612.htm>. Acesso em: 5 fev. 2020.

BRASIL. Portaria Interministerial n. 651, de 15 de abril de 1999. **Diário Oficial da União**, Brasília, DF, 19 abr. 1999. Disponível em: <http://www.lex.com.br/doc_345250_PORTARIA_INTERMINISTERIAL_N_651_DE_15_DE_ABRIL_DE_1999.aspx>. Acesso em: 20 mar. 2020.

BRASIL. SECOM – Secretaria Especial de Comunicação Social. **Pesquisa brasileira de mídia 2014**: hábitos de consumo de mídia pela população brasileira. Brasília, 2014. Disponível em: <http://www.secom.gov.br/atuacao/pesquisa/lista-de-pesquisas-quantitativas-e-qualitativas-de-contratos-atuais/livro-pesquisa-brasileira-de-midia_internet-pdf/view>. Acesso em: 19 mar. 2020.

BRASIL. SECOM – Secretaria Especial de Comunicação Social. **Pesquisa brasileira de mídia 2015**: hábitos de consumo de mídia pela população brasileira. Brasília, 2015. Disponível em: <http://www.secom.gov.br/atuacao/pesquisa/lista-de-pesquisas-quantitativas-e-qualitativas-de-contratos-atuais/pesquisa-brasileira-de-midia-pbm-2015.pdf>. Acesso em: 5 fev. 2020.

BRASIL. SECOM – Secretaria Especial de Comunicação Social. **Pesquisa brasileira de mídia 2016**: hábitos de consumo de mídia pela população brasileira. Brasília, 2016. Disponível em: <http://www.secom.gov.br/atuacao/pesquisa/lista-de-pesquisas-quantitativas-e-qualitativas-de-contratos-atuais/pesquisa-brasileira-de-midia-pbm-2016-1.pdf/view>. Acesso em: 13 fev. 2020.

BRECHT, B. Teoria de la radio (1927-1932). In: MEDITSCH, E. **Teorias do rádio**: textos e contextos. Florianópolis: Insular, 2005. p. 56-57.

BUCCI, E. **Sobre ética e imprensa**. São Paulo: Companhia das Letras, 2000.

CAMPBELL, J. **O herói de mil faces**. Tradução de Adail Ubirajara Sobral. São Paulo: Pensamento, 2007.

CAMPOS, C. **Manual de radiojornalismo**. Rio de Janeiro: Secretaria Especial de Comunicação Social, 2003. v. 6. (Cadernos da Comunicação, Série Estudos). Disponível em: <http://www.rio.rj.gov.br/dlstatic/10112/4204433/4101398/estudos6.pdf>. Acesso em: 13 fev. 2020.

CAPARELLI, S. **Televisão e capitalismo no Brasil**. Porto Alegre: L&PM, 1982.

CASTELLS, M. **A galáxia da internet**: reflexões sobre a internet, os negócios e a sociedade. Tradução de Maria Luiza de A. Borges. Rio de Janeiro: J. Zahar, 2003.

CHOMSKY, N. Ecco 10 modi per capire tutte le bugie che ci raccontano. **Latinoamerica e tutti i sud del mondo**, Roma, n. 128-130, p. 146-147, 2015.

COELHO, C. N. P. Mídia e poder na sociedade do espetáculo. **Cult**. Disponível em: <http://revistacult.uol.com.br/home/midia-e-poder-na-sociedade-do-espetaculo/>. Acesso em: 20 mar. 2020.

CONFIRA a história do JN. **G1**, Rio de Janeiro, ano 85, 12 abr. 2010. Jornal Nacional. Disponível em: <http://g1.globo.com/jornal-nacional/noticia/2010/04/confira-historia-do-jn.html>. Acesso em: 18 mar. 2020.

COSTA, L. M.; SOUZA, L. S. de; NASCIMENTO, J. D. do. Enquanto o rádio digital não vem: a Rádio Feliz FM e a conquista do espaço virtual. **ECCOM**, v. 9., n. 17, p. 111-121, jan./jun. 2018. Disponível em: <http://fatea.br/seer3/index.php/ECCOM/article/download/424/377>. Acesso em: 12 mar. 2020.

CULTURA. In: **Infopédia**. Dicionários Porto Editora. Disponível em: <https://www.infopedia.pt/dicionarios/lingua-portuguesa/cultura>. Acesso em: 11 fev. 2020.

DEBORD, G. **A sociedade do espetáculo**. Tradução de Estela dos Santos Abreu. Rio de Janeiro: Contraponto, 2003.

DONIS, D. A. **Sintaxe da linguagem visual**. 3. ed. São Paulo: M. Fontes, 2007.

ECO, U. **Obra aberta**: forma e indeterminação nas poéticas contemporâneas. São Paulo: Perspectiva, 1976.

FANUCCHI, M. O rádio de Brecht setenta anos depois. **Revista USP**, São Paulo, n. 34, p. 125-133, jun./ago. 1997. Disponível em: <https://www.revistas.usp.br/revusp/article/download/26090/27874/&ved=2ahUKEwi7mejygJfmAhVrIbKGHcNjDzsQFjAGegQFjAGegQIBxAC&usg=AOvVaw17MqAVtA7OQ4OpLuhVr1X3>. Acesso em: 5 fev. 2020.

FENAJ – Federação Nacional dos Jornalistas. **Código de ética da radiodifusão brasileira**. Brasília, 1993. Disponível em: <http://fenaj.org.br/wp-content/uploads/2014/12/02-codigo_de_etica_da_radiodifusao_brasileira.doc>. Acesso em: 20 mar. 2020.

FERRARETTO, L. A. **Rádio**: o veículo, a história e a técnica. Porto Alegre: Sagra Luzzatto, 2000.

FERRARETTO, L. A. **Rádio**: teoria e prática. São Paulo: Summus, 2014.

FLUSSER, V. **O mundo codificado**: por uma filosofia do *design* e da comunicação. Tradução de Raquel Abi-Sâmara. São Paulo: Ubu, 2017.

GORDON, W. T. **McLuhan for Beginners**. London: Writers and Riders, 1997.

HERNANDES, N. **Semiótica dos jornais**: análise do Jornal Nacional, Folha de São Paulo, Jornal da CBN, Portal UOL, revista Veja. 324 f. Tese (Doutorado em Linguística) – Universidade de São Paulo, São Paulo, 2005.

HOHLFELDT, A.; FRANÇA, V.; MARTINO, L. **Teorias da comunicação**: conceitos, escolas e tendências. Petrópolis: Vozes, 2001.

HUNTER, M. L. et al. **A investigação a partir de histórias**: um manual para jornalistas investigativos. Montevidéu: Unesco, 2013. Disponível em: <http://unesdoc.unesco.org/images/0022/002264/226456POR.pdf>. Acesso em: 20 mar. 2020.

INTERVOZES; REPÓRTERES SEM FRONTEIRAS. **Quem controla a mídia no Brasil?**. Disponível: <https://brazil.mom-rsf.org/br/>. Acesso em: 12 mar. 2020.

KERCKHOVE, D. **A pele da cultura**: investigando a nova realidade eletrônica. São Paulo: Annablume, 2009.

KUNCZICK, M. **Conceitos de jornalismo**: norte e sul – manual de comunicação. Tradução de Rafael Varela Jr. 2. ed. São Paulo: Edusp, 2001.

MACHADO, I. Ah, se não fosse McLuhan! In: CARAMELA, E. et al. (Org.). **Mídias**: multiplicação e convergências. São Paulo: Senac, 2009. p. 41-62.

MANZANO, R. O centenário de Marshall McLuhan. **Meio & Mensagem**, 21 jul. 2011. Disponível em: <http://www.meioemensagem.com.br/home/comunicacao/2011/07/21/20110720-o-centenario-de-mcluhan.html>. Acesso em: 20 mar. 2020.

MARAVILHAS Modernas: as grandes invenções. **The History Channel**, 1997. 46 min. Disponível em: <https://www.youtube.com/watch?v=7fNess-JaWM>. Acesso em: 31 mar. 2020.

MARCONDES FILHO, C. **Televisão**: a vida pelo vídeo. São Paulo: Moderna, 1988.

MARQUES, R. R. L. Jornalismo, ideologia e poder na repercussão midiática. **Observatório da Imprensa**, n. 786, 18 fev. 2014. Disponível em: <http://observatoriodaimprensa.com.br/jornal-de-debates/_ed786_jornalismo_ideologia_e_poder_na_repercussao_midiatica/>. Acesso em: 20 mar. 2020.

MARTHE, M. O país recupera seu espelho. **Veja**, São Paulo, 25 ago. 2017. Disponível em: <https://veja.abril.com.br/revista-veja/o-pais-recupera-seu-espelho/>. Acesso em: 20 mar. 2020.

MARTIN, M. **A linguagem cinematográfica**. Tradução de Paulo Neves. São Paulo: Brasiliense, 1990.

MARTÍNEZ-COSTA, M. P.; UNZUETA, J. R. D. **Lenguaje, géneros y programas de rádio**: introducción a la narrativa radiofónica. Pamplona: Eunsa, 2005.

MATTELART, A.; MATTELART, M. **História das teorias da comunicação**. Tradução de Luiz Paulo Rouanet. São Paulo: Loyola, 1999.

McLEISH, R. **Produção de rádio**: um guia abrangente de produção radiofônica. Tradução de Mauro Silva. São Paulo: Summus, 2001.

McLUHAN, M. **A galáxia de Gutenberg**. Tradução de Leônidas Gontijo de Carvalho e Anísio Teixeira. São Paulo: Edusp, 1972.

McLUHAN, M. **Os meios de comunicação como extensões do homem**. Tradução de Décio Pignatari. São Paulo: Cultrix, 2007.

McLUHAN, M.; FIORE, Q. **O meio é a massagem**: um inventário de efeitos. Tradução de Julio Silveira. Rio de Janeiro: Ímã, 2011.

McLUHAN, M.; MCLUHAN, E. **Laws of Media**: the New Science. Toronto: University of Toronto, 1988.

MORIN, E. **Cultura de massas no século XX**: neurose. Tradução de Maura Ribeiro Sardinha. 9. ed. 5. reimp. Rio de Janeiro: Forense Universitária, 2009. v. 1.

NEUBERGER, R. S. A. **O rádio na era da convergência das mídias**. Cruz das Almas: Ed. da UFRB, 2012.

O PRIMEIRO amor. **Memória Globo**. Disponível em: <http://memoriaglobo. globo.com/programas/entretenimento/novelas/o-primeiro-amor/ curiosidades.htm>. Acesso em: 19 mar. 2020.

ORTRIWANO, G. S. **A informação no rádio**: os grupos de poder e a determinação dos conteúdos. 5. ed. São Paulo: Summus, 1985.

OSTROWER, F. **Criatividade e processos de criação**. 6. ed. Petrópolis: Vozes, 1987.

PARAIRE, P. **O cinema de Hollywood**. São Paulo: M. Fontes, 1994.

PENA, F. **1000 perguntas sobre jornalismo**. Rio de Janeiro: Rio, 2005.

POLITO, R. **Faça de sua voz uma aliada poderosa**. 23 mar. 2018. Disponível em: <https://reinaldopolito.com.br/faca-de-sua-voz-uma-aliada-poderosa/>. Acesso em: 11 fev. 2020.

PRADO, M. **História do rádio no Brasil**. São Paulo: Da Boa Prosa, 2012.

PRADO, M. **Produção de rádio**: um manual prático. Rio de Janeiro: Elsevier, 2006.

RABAÇA, C. A.; BARBOSA, G. **Dicionário de comunicação**. São Paulo: Ática, 1987.

RÁDIO vai superar a audiência da TV, revela pesquisa Deloitte. **Aerp**, 13 fev. 2019. Disponível em: <https://aerp.org.br/novo/associados/radio-vai-superar-a-audiencia-da-tv-revela-pesquisa-deloitte/>. Acesso em: 13 fev. 2020.

SALLES, F. Como se faz cinema – parte 1: funções e equipe. **Mnemocine**, 22 set. 2008. Disponível em: <http://www.mnemocine.com.br/index.php/ cinema-categoria/28-tecnica/154-fazercinema1>. Acesso em: 20 mar. 2020.

SANTAELLA, M. L. **A percepção**: uma teoria semiótica. São Paulo: Experimento, 1993.

SANTAELLA, M. L. **Comunicação e pesquisa**: projetos para mestrado e doutorado. São Paulo: Hacker, 2001. (Coleção Comunicação).

SEIXAS, R. Todo mundo explica. In: **Mata virgem**. Rio de Janeiro: Warner Music Brasil, 1978. 1 disco. Lado B.

SILVA, G. Para pensar critérios de noticiabilidade. **Estudos em Jornalismo e Mídia**, Florianópolis, v. 2, n. 1, p. 95-107, jan./jun. 2005. Disponível em: <https://periodicos.ufsc.br/index.php/jornalismo/article/view/2091/1830>. Acesso em: 30 abr. 2020.

SODRÉ, M. **Antropológica do espelho**: uma teoria da comunicação linear e em rede. Petrópolis: Vozes, 2002.

SOUSA, J. P. **Elementos de teoria e pesquisa da comunicação e da mídia**. Florianópolis: Letras Contemporâneas, 2004.

STOK, S. **Fale sem medo**: dicas práticas para apresentações de sucesso. Porto Alegre: Age, 2002.

TRAQUINA, N. **A tribo jornalística**: uma comunidade interpretativa transnacional. 2. ed. Florianópolis: Insular, 2008. v. 2. (Teorias do Jornalismo).

TRIFM. **Perfil do público**. Disponível em: <http://trifm.com.br/anuncie/perfil-do-publico>. Acesso em: 31 mar. 2020.

TRIGO, L. G. G. **Entretenimento**: uma crítica aberta. São Paulo: Senac, 2003.

VALDEJÃO, R. de G. História: "Jingle é ideia em forma de música". **Folha de S.Paulo**, 24 out. 2006. Disponível em: <http://www1.folha.uol.com.br/folha/especial/2006/topofmind/fj2410200612.shtml>. Acesso em: 13 fev. 2020.

VEJA as 10 melhores novelas de todos os tempos. **ACidadeON**, 3 fev. 2017. Disponível em: <https://www.acidadeon.com/araraquara/politica/eleicoes/NOT,3,7,1225038,Veja+as+10+melhores+novelas+de+todos+os+tempos.aspx>. Acesso em: 19 mar. 2020.

VIRILIO, P. **Cibermundo**: a política do pior. Lisboa: Teorema, 1996.

WISNIK, J. M. **O som e o sentido**: uma outra história das músicas. 2. ed. São Paulo: Companhia das Letras, 1989.

WITIUK, L. O jornalismo no rádio curitibano. **Comunicação: reflexões, experiências, ensino**, Curitiba, v. 1, n. 1, p. 49-64, jul./dez. 2008.

WOLF, M. **Teorias das comunicações de massa**. São Paulo: M. Fontes, 2005.

Respostas

Capítulo 1

Questões para revisão

1) De acordo com o Código Brasileiro de Telecomunicações, as modalidades de outorga para rádios no país são três: (1) comunitárias, (2) educativas e (3) comerciais. A rádio comunitária não tem fins lucrativos e não veicula publicidade, sendo permitido somente o apoio cultural. Uma emissora educativa, como o nome sugere, deve ter uma programação voltada às produções de caráter educativo e cultural. Nas rádios comerciais, a exploração comercial é permitida dentro dos limites estabelecidos pela legislação.

2) b

3) No que diz respeito à informação, as emissoras de rádio devem operar da seguinte forma: as emissoras comunitárias levam em consideração os interesses diretos da comunidade em que atuam para definir as pautas; as rádios educativas devem priorizar programas e conteúdos que valorizem aspectos educativos e culturais; e as rádios comerciais devem respeitar o limite legal e garantir a veiculação de uma porcentagem mínima de informações de interesse público.

4) d

5) d

Questões para reflexão

1) Para compreender essa diferença, é preciso entender como funciona uma rádio. Primeiramente, há o envio de sinais sonoros (como ondas eletromagnéticas), que são captados por aparelhos sintonizados nessa mesma frequência. Os sinais de rádio podem ser emitidos de duas formas: amplitude modulada (AM) e frequência modulada (FM). Inicialmente, os sinais de rádio se propagavam mais, mas apresentavam irregularidades e interferências constantes – principalmente na AM. O sinal de FM, apesar de contar com um alcance muito menor, revelou-se mais capaz de resistir às interferências, ampliando a qualidade dos sinais sonoros.

2) Até 2023, todas as emissoras de rádio AM brasileiras deverão migrar para a FM, porque esse é o prazo para que a digitalização da TV analógica seja efetivada em todo o território nacional. Mas o que a tecnologia de televisão analógica tem a ver com o rádio? O governo federal pretende desligar o sinal analógico de televisão e usar as faixas 5 e 6 para a ampliação do serviço de rádio FM. A justificativa é que a medida melhora consideravelmente a qualidade da transmissão e do áudio.

3) O instituto Kantar Ibope Media mede a audiência das emissoras de rádio por meio de um método conhecido como *recall*. Durante essa pesquisa, os participantes respondem a perguntas dos entrevistadores, informando o nome das rádios ouvidas nos últimos dois dias e as emissoras sintonizadas ao longo dos últimos três meses. Segundo as informações da página do instituto, a amostra sempre equivale aos dados referentes aos últimos três meses anteriores à sua divulgação. As pessoas que participam dessas entrevistas têm 10 anos ou mais de idade; vivem em domicílios

permanentes e particulares; e integram as classes A, B, C, D ou E. Essa pesquisa é realizada de maneira contínua, mas tem o inconveniente de ocorrer somente nas principais regiões metropolitanas do país.

Capítulo 2

Questões para revisão

1) O texto é um dos elementos verbais fundamentais da linguagem radiofônica e deve ser coloquial. A redação prévia à apresentação é fundamental para a manutenção da simplicidade do rádio – e é imprescindível que o locutor compreenda essa importância.

2) c

3) Os efeitos sonoros integram a linguagem radiofônica não verbal e têm quatro funções: (1) ambiental, (2) expressiva, (3) narrativa e (4) ornamental. No radiojornalismo, os efeitos sonoros ajudam o ouvinte a identificar o início de seus programas favoritos.

4) d

5) c

Questões para reflexão

1) Digamos que esses dois aspectos – dom e disciplina – podem interferir no capital vocal de um profissional do rádio. Por outro lado, não basta ter uma voz ótima para o rádio e ser inexpressivo ou desinformado; a falta de informação ou de conhecimento de mundo torna o locutor ou repórter inseguro e isso afeta sua credibilidade. Também não adianta contar com um timbre perfeito para o radiojornalismo e, por falta de cuidados, acabar comprometendo a qualidade da voz. Ter disciplina em relação aos cuidados pessoais – incluindo exercícios, alimentação e hábitos corretos – pode melhorar, e muito, o desempenho de um

profissional de rádio. A voz, nesse caso, é um instrumento de trabalho e precisa ser tratada como tal.

2) Várias questões trabalhadas ao longo deste capítulo relacionam-se com essa habilidade. Além do improviso – que é a capacidade de se encontrar em determinada "saia-justa" e manter o controle da situação –, outro ponto relevante para atuar ao vivo é a preparação do profissional. Aqui entram em cena as habilidades técnicas (como saber operar com os recursos disponíveis) e o conhecimento acumulado pelo profissional. Quanto mais o jornalista de rádio tiver acesso a informações, mais ele estará preparado para eventuais transtornos ao vivo. É esse conhecimento de mundo que dará ao profissional as condições de realizar análises espontâneas, melhorar a condução de entrevistas e ter a capacidade de improviso sem que isso seja feito de maneira tosca. Além disso, vale reforçar: a fala com conhecimento de causa é mais segura e inspira credibilidade.

3) Como toda atividade intelectual marcada pela universalidade, a transmissão de informações não pode ser desvinculada das preocupações técnicas e éticas, por exemplo. Nesse sentido, o roteiro – bem planejado, pensado e revisado – contribui para que o conteúdo seja bem encadeado e compreensível aos ouvintes, mas também confere profissionalismo à produção radiofônica. O ato de elaborar a ordenação de conteúdos, por exemplo, dá condições de refletir sobre a prática cotidiana e desenvolver melhor as habilidades em relação à apresentação dos conteúdos. Assim, a preocupação com o roteiro converte-se em qualidade de informação ao cidadão. Conforme foi apontado ao longo do capítulo, o texto do apresentador deve ser pré-elaborado. Além disso, outra dica importante é ler o texto em voz alta, fazendo marcações nos pontos que merecem atenção na narração/locução.

Capítulo 3

Questões para revisão

1) Os gêneros radiofônicos, segundo Barbosa Filho (2003), são sete: (1) jornalístico, (2) educativo-cultural, (3) de entretenimento, (4) publicitário, (5) propagandístico, (6) de serviço e (7) especial. Em relação ao gênero jornalístico, os formatos indicados pelo autor são: nota, notícia, boletim, reportagem, entrevista, comentário, editorial, crônica, radiojornal, documentário jornalístico, debates, programa policial, programa esportivo e divulgação tecnocientífica.

2) A resposta pode incluir reflexões sobre o contexto de convergência, em que o rádio passa a contar com a possibilidade de veicular fotos e vídeos, além de sons. Pode, ainda, trazer reflexões sobre a digitalização do sinal de rádio no Brasil ou abordar a experimentação de novos formatos nas rádios que operam exclusivamente pela internet. Também é desejável que seja mencionada a dificuldade de se produzir conteúdos específicos para o rádio com possibilidades convergentes.

3) c

4) a

5) a

Questões para reflexão

1) Em primeiro lugar, é importante frisar que, em um cenário de convergência, um meio de comunicação não anula o outro. Ao contrário, algumas características acabam sendo assimiladas, contribuindo para certa hibridização e adaptação. Nesse sentido, é válido ressaltar que as emissoras de rádio não estão paradas no tempo. O país está estimulando a migração das rádios do sistema de

AM para o de FM e promovendo a testagem do sistema de digitalização. Outro aspecto importante é que, por meio das possibilidades que se abrem com as novas tecnologias, as rádios que já operam pelos sistemas tradicionais também podem atualizar sua produção, apostando em outras potencialidades na *web*. Por fim, é necessário enfatizar que o rádio no Brasil tem acompanhado as transformações midiáticas sem perder duas importantes características de sua missão comunicativa: (1) a universalidade, que permite às mensagens atingirem com sucesso o maior volume de pessoas; e (2) a instantaneidade, fazendo com que as informações possam ser assimiladas no exato momento em que são veiculadas.

2) Segundo a literatura discutida ao longo do capítulo, a existência do Código de Ética da Radiodifusão Brasileira acaba tendo um efeito mais político do que prático sobre algumas questões específicas. Um exemplo é o que acontece em programas que banalizam a violência e que continuam no ar, apesar de ferir dispositivos importantes desse código. Essa situação decorre, em parte, do fato de as emissoras buscarem ampliar a cartela de investimentos publicitários com base na variação da audiência. Em outros termos, são promovidos certos tipos de programas que acabam atraindo maior audiência – mesmo que fazendo apologia à violência ou mantendo lógicas de humor discutíveis – para que isso se converta em anúncios que financiem a programação. Aqui, há um claro conflito entre o interesse público e o interesse do público, por exemplo. Não se pode esperar que as próprias emissoras abram mão de receita em troca de manter uma programação mais ética. Assim, o melhor caminho seria buscar uma solução tripartite – governo, emissoras e sociedade –,

a fim de que se possa contar com instrumentos efetivos para combater essas situações. No entanto, isso estaria condicionado a um amplo processo de discussão.

3) Existem fortes razões para pensar que não. É sabido, segundo foi indicado no capítulo, que a tecnologia digital para transmissão de rádio abre um leque de potencialidades imenso para o campo radiofônico. Mesmo assim, contar com a tecnologia em condições de ser operada é apenas um passo. A preparação dos profissionais que atuarão nesse cenário futuro tem tanta importância quanto a questão tecnológica, pois será preciso incentivar a inovação por meio de projetos experimentais para que possam ser projetados os melhores usos da tecnologia disponível, sem perder de vista o respeito à ética e ao interesse público. Nesse sentido, a produção laboratorial dentro das universidades tem um papel capital, uma vez que poderá – em conjunto com o mercado ou não – desbravar esse campo que se abrirá no país em breve.

Capítulo 4

Questões para revisão

1) Em razão da ampliação das ferramentas digitais e da velocidade das conexões via internet.
2) a
3) d
4) A notícia tem relação com o interesse público.
5) c

Questões para reflexão

1) A grade das redes de televisão apresenta pluralidade de elementos televisivos, como concurso, drama, ficção, novelas e documentários, em um processo de construção

narrativa singular, em primeira pessoa, em que a midiatização foca na banalidade do cotidiano relatado por pessoas comuns envolvidas em experiências da vida profissional, pessoal e familiar. O telejornalismo tem como fundamento a notícia, e os demais programas da grade focam no entretenimento. O telejornal traz as informações selecionadas conforme o interesse de uma agenda da sociedade, e os outros programas televisivos apresentam atrações como *shows* ao vivo, musicais, novelas, *games* e cultura.

2) O programa de auditório é comandado por um apresentador carismático e costuma apresentar atrações musicais, entrevistas no segmento de entretenimento e *games* que envolvem entrega de prêmios. O *reality show* é um programa televisivo que acompanha a rotina de pessoas ou grupos em atividades cotidianas ou desafios. É um espaço criado pela televisão que não passa de mais uma forma simulada e ensaiada da realidade, porque sua mediação está na câmera que captura as protopersonas em ambiente climatizado e encenado para parecer natural. A atração maior dos programas de realidade é a possibilidade da interferência do público, diretamente do conforto de seu lar e por meio de dispositivos de expressão instantânea, como *smartphones*, com a escolha do destino ou a seleção de cada um dos participantes. É uma brincadeira de ser Deus, na qual o espectador tem a ilusão de interferir no destino do personagem indefeso.

Capítulo 5

Questões para revisão

1) A televisão tem poder, alcança os lares brasileiros de forma quase universal e transforma e modula, de certa forma,

a sociedade. É o meio de comunicação de maior alcance: 95% dos brasileiros assistem à televisão regularmente, 74% todos os dias (Brasil, 2016). A TV continua uma gigante mesmo com o crescimento da internet, que também fica atrás do rádio na lista dos meios mais utilizados. O brasileiro passa, em média, 4h 32min em frente à TV durante a semana e outras 4h 14min nos finais de semana. Um crescimento de quase uma hora em relação à pesquisa de 2014, que apontava, respectivamente, 3h 29min e 3h 32min (Brasil, 2014). Ainda segundo a pesquisa de 2016, em geral, o brasileiro fica em frente à TV das 18h às 23h, no chamado *horário nobre*, que supera os outros picos de audiência, como a hora do almoço e as tardes dos finais de semana.

2) A novela brasileira tem papel importante no Brasil e, mais pelo impacto social do que pela relação comercial, estaria para o Brasil, na formação de estratos culturais, como o cinema está para os Estados Unidos. Sempre é bom recordar que as telenovelas brasileiras são originárias das radionovelas – grande sucesso da fase anterior à implantação da TV no país (entre 1940 e 1950). Com o surgimento da televisão como meio de comunicação e, mais tarde, com sua consagração como o mais importante meio de veiculação de conteúdo, as radionovelas decaíram, até desaparecerem no fim dos anos 1970.

3) d

4) d

5) d

Questões para reflexão

1) A televisão brasileira tem considerável relevância no fornecimento de notícias à sociedade, por isso fazer uma observação crítica sobre telejornais e programas jornalísticos é essencial para qualquer estudo sobre o tema.

2) O *Jornal Nacional* é um marco nacional porque foi o primeiro programa em cadeia nacional gerado no Rio de Janeiro, em 1969. Sua primeira edição foi ao ar nas vozes de Cid Moreira e Hilton Gomes. Quem abriu a primeira edição foi Hilton Gomes, com a seguinte fala: "O Jornal Nacional, da Rede Globo, um serviço de notícias integrando o Brasil novo, inaugura-se neste momento: imagem e som de todo o país". Já a Cid Moreira coube o primeiro encerramento: "É o Brasil ao vivo aí na sua casa. Boa noite" (Confira..., 2010).

Capítulo 6

Questões para revisão

1) É o meio de expressão que utiliza a contemporaneidade tecnológica de sua época, com a convergência entre os componentes visuais – no formato de signos, imagens, desenhos e gráficos – e componentes sonoros – no formato de voz, música, ruído, efeitos onomatopeicos etc.

2) O papel da produção que soma som e imagem é representar a arte por meio de formas sensoriais cuja interpretação depende de associações subjetivas e definições intuitivas. A linguagem audiovisual é a representação conceitual e verbal que se configura de maneira organizada e difundida por meio da sistematização de elementos que visam apresentar algo ou transmitir um conceito. Assim, os códigos apresentados na linguagem audiovisual permitem a denotação, ao remeter ao real sensível, e a conotação, ao evocar a percepção e a interpretação.

3) d

4) c

5) d

Questões para reflexão

1) Segue a principal classificação da produção audiovisual. Lembre-se que pode haver subdivisões ou mesmo a convergência de segmentações.

- Animação: processo no qual fotograma por fotograma é individualmente capturado para ser colocado em uma sequência simuladora de movimento. Sua produção pode ocorrer por computação gráfica – por filme digital ou não –, imagem desenhada, *clay motion* ou *stop motion*.
- Cinema: consiste na técnica de projetar fotogramas em determinada velocidade para criar a impressão de movimento. É a arte que tem como escopo a interpretação do mundo sensível pela ficção ou pela documentação.
- Televisão: ferramenta eletrônica de transmissão instantânea de som e imagem. Processo criativo da elaboração de um vídeo (do latim "eu vejo") que processa os sinais eletrônicos e digitais para representação de uma realidade com imagens em movimento.
- Videoarte: criação de narrativas das artes plásticas que não se ancora no mundo visível porque traz à superfície o eu sensível do artista-autor.

2) É o fluxo de informação visual e sonoro que sintetiza uma nova informação no formato de animação, cinema, televisão ou videoarte, com objetivo comunicacional dialógico, no qual a audiência se torna participante do processo.

Sobre os autores

Silvia Valim é mestre em Comunicação pela Universidade Federal do Paraná (UFPR), especialista em Jornalismo Literário pela Associação Brasileira de Jornalismo Literário e graduada em Jornalismo pela Universidade Positivo (UP).

Professora Universitária, deu aulas de Telejornalismo, Radiojornalismo, Produção e Técnicas de TV, Publicidade para Rádio, Assessoria de Imprensa, entre outras disciplinas, em cursos de Jornalismo do Paraná. Além disso, criou e coordena o curso de Pós-Graduação em Narrativas Audiovisuais e Novas Mídias do UniBrasil Centro Universitário.

Foi editora e correspondente da Tv Telesur em Caracas, na Venezuela, e tem experiência em coberturas internacionais, incluindo o Conclave de 2013, em Roma, que elegeu o Papa Francisco.

Atualmente, é jornalista na RICTV Record no Paraná, Diretora de Formações do Sindicato dos Jornalistas Profissionais do Paraná (SindijorPR) e integrante da Frente Paranaense pelo Direito à Comunicação e Liberdade de Expressão.

Atua também como mestre de cerimônias e ministra cursos de treinamento de mídia.

É fundadora da Jornalistando Comunicação – Assessoria de Imprensa e Produção Audiovisual.

Alan Marques é mestre em Comunicação pela Universidade de Brasília (UnB), tem MBA em Gestão de Marketing e em Marketing Digital pela Fundação Getulio Vargas (FGV) e é formado em Jornalismo pelo Centro Universitário de Brasília (UniCeub) e em Administração pelo Centro Universitário do Distrito Federal (UDF). Recebeu honra ao mérito no prêmio Esso de 2012; o Master Cup of Photojournalism e o Black and White Spider Award, ambos em Londres (Inglaterra), em 2011; o Prêmio Folha de Fotografia em 2009; Menção Honrosa João Primo em 2006; os prêmios de Jornalismo e de Fotografia da Agência Brasileira de Segurança em 2005; e o prêmio do 14º Concurso Latinoamericano de Fotografía "Los Trabajos y Los Dias", em Medelín (Colômbia), em 2004.

É autor de seis livros sobre audiovisual e trabalhou como repórter na *Folha de S.Paulo* por 20 anos, no jornal *O Globo* por 2 anos e no *Jornal de Brasília* por 4 anos, onde fez coberturas políticas no Congresso Nacional, no Supreno Tribunal Federal e no Palácio do Planalto e coberturas internacionais em mais de 60 países da Europa, da América, da África e do Oriente Médio.

Impressão:
Maio/2020